应用型本科院校商务英语专业教学与实践

张保培 张华嵩 著

北京工业大学出版社

图书在版编目（CIP）数据

应用型本科院校商务英语专业教学与实践 / 张保培，张华嵩著. — 北京：北京工业大学出版社，2020.12（2022.1 重印）
ISBN 978-7-5639-7800-7

Ⅰ. ①应… Ⅱ. ①张… ②张… Ⅲ. ①商务－英语－教学研究－高等学校 Ⅳ. ①F7

中国版本图书馆 CIP 数据核字（2020）第 268398 号

应用型本科院校商务英语专业教学与实践
YINGYONGXING BENKE YUANXIAO SHANGWU YINGYU ZHUANYE JIAOXUE YU SHIJIAN

著　　者：	张保培　张华嵩
责任编辑：	刘卫珍
封面设计：	点墨轩阁
出版发行：	北京工业大学出版社
	（北京市朝阳区平乐园 100 号　邮编：100124）
	010-67391722（传真）　　bgdcbs@sina.com
经销单位：	全国各地新华书店
承印单位：	三河市明华印务有限公司
开　　本：	710 毫米×1000 毫米　1/16
印　　张：	11
字　　数：	220 千字
版　　次：	2020 年 12 月第 1 版
印　　次：	2022 年 1 月第 2 次印刷
标准书号：	ISBN 978-7-5639-7800-7
定　　价：	58.00 元

版权所有　　翻印必究

（如发现印装质量问题，请寄本社发行部调换 010-67391106）

前　言

　　教学模式是一定的教学理念或教学思想的反映，是一定理论指导下的教学过程常态化范式。应用型本科院校相关专业职业化教学模式的建构，必须有明确的学科（专业）定位和人才培养目标，有先进的教学理念做指导，通过课程设置、课堂教学、教材建设、机辅教学及实践实训等相关方面的改革举措来实现。

　　重构课程体系，突出应用型人才的培养目标。首先，重视课程群建设，改变课程群构成，调整课程群之间的课时比例。目前商务英语课程是在几大课程模块下进行课程群建设的，通常分为语言知识与技能课程群、人文素质课程群、商务知识课程群、实践课程部分，其中前两大课程群基本占总课时的60%～70%，商务知识与技能没有得到应有的强调。要压缩前两类课程群的课时数及课程数，语言技能课程与专业知识课程相结合，增加专业技能课程。同时，在选修课里可设置拓展证书类课程群，将学生的学习内容与职业资质获得相连接。将原来的课程群改为商务语言技能课程群、商务知识课程群、人文素质课程群、拓展证书类课程群、网络课程群，突出专业知识技能和实践课程在课程设置中的比例。

　　其次，课程设置以培养高级技术应用型人才为目标，加大应用型课程在整个课程体系中的比重，建构实践课程体系。强调课程内容的实用性和课程设置的灵活性，强调加强实践环节。如注重国际贸易实务、电子商务、商务模拟实验、商务口译、商务谈判等实践课程建设；运用网络技术，引入网络教学资源，开设网络课程，将课堂教学延伸到课外让学生自主学习，开发第二课堂。

　　再次，注重语言知识技能与专业知识内容的相互衔接，将传统课程与专业知识内容并轨，设置综合商务英语、商务英语翻译、商务英语写作、商务英语听力、商务英语口语等课程，在传授专业知识内容的过程中同时完成对语言知识技能的训练。

　　最后，重视强化输出型课程，适量减少输入型课程数量。如开设口笔译、商务写作、演说、商务谈判等课程，减少听力、口语课时，减少纯粹语言类和人文知识类课程课时，将这类课程以任务教学的形式分配到学生自主学习或部分网络课程中去。

为了确保研究内容的丰富性和多样性，笔者在写作过程中参考了大量理论与研究文献，在此向涉及的专家学者表示衷心的感谢。

最后，限于笔者水平，加之时间仓促，本书难免存在一些疏漏之处，在此，恳请读者朋友批评指正！

目 录

第一章 应用型本科院校商务英语教学基础理论研究 ·················· 1
- 第一节 商务英语教学中的文化因素 ·················· 1
- 第二节 商务英语教学的内容、特点及方法 ·················· 3
- 第三节 "行动研究"与商务英语教学 ·················· 5
- 第四节 后金融危机时代的商务英语教学 ·················· 14
- 第五节 商务英语教学中商务文化意识的培养 ·················· 18
- 第六节 商务英语教学中跨文化礼仪的培养 ·················· 20
- 第七节 商务英语教学平台设计 ·················· 22

第二章 应用型本科院校商务英语专业发展现状 ·················· 23
- 第一节 应用型本科院校转型发展现状与趋势 ·················· 23
- 第二节 英语类专业多元化人才培养趋势 ·················· 27
- 第三节 "新时代""新文科"背景下的商务英语专业建设 ·················· 28
- 第四节 成果导向教育（OBE）理念及其应用 ·················· 29

第三章 应用型本科院校商务英语专业人才培养思路 ·················· 34
- 第一节 商务英语人才培养模式 ·················· 34
- 第二节 商务英语教学创新模式研究 ·················· 43
- 第三节 商务英语专业人才能力需求分析 ·················· 61
- 第四节 应用型本科院校商务英语专业设置的可行性 ·················· 65
- 第五节 应用型本科院校商务英语专业学生"双创"能力培养 ·················· 68

第四章 成果导向理念下的商务英语专业教学体系构建 ·················· 73
- 第一节 核心理念与基本框架 ·················· 73

第二节　商务英语专业（跨境电商方向）课堂教学体系的构建与实践‥74

第三节　商务英语专业（跨境电商方向）实践教学体系的构建与实践‥78

第五章　应用型本科院校商务英语专业课程教学改革与实践……81

第一节　应用型本科院校商务英语专业课程设置需求……81

第二节　成果导向理念与"金课"标准……85

第三节　应用型本科院校商务英语专业"金课"建设与实践……86

第四节　建构主义理论指导下的英语词汇学课程改革……99

第五节　商务英语专业思辨能力培养……107

第六节　商务翻译的创新研究……116

第七节　商务英语教学应用……138

第六章　应用型本科院校商务英语专业教师发展路径研究……158

第一节　商务英语专业教师的困惑与挑战……158

第二节　商务英语专业教师知识与能力的构成……159

第三节　商务英语专业教师发展对策及路径……160

参考文献……163

第一章 应用型本科院校商务英语教学基础理论研究

第一节 商务英语教学中的文化因素

经济全球化的深度和广度不断拓展，使得越来越多的人和企业逐渐认识到商务英语的重要性，并且开始关注商务英语的教学现状。在商务英语的教学中渗透文化因素，对于体现文化特色，开展商务交流活动具有很重要的作用。同时，促使文化因素融入商务英语的教学过程中，对于学生在今后的工作中更好地开展跨文化的商务交流以及提升学生的商务交际能力具有很大的作用。

经济全球化的发展大大增加了社会对商务英语专业人才的需求。商务英语的主要特征就在于其具有较强的应用性以及实践性，并且其中富含了非常丰富的商务文化因素，包含了多个国家与地区的商务习俗和利益等。但是传统的商务英语教学活动并没有很清醒地认识到这一点，而是认为只需要向学生传授英语语言知识以及一些商务知识进行培养就可以使学生具备从事商务交流的能力。所以，在现阶段的商务英语教学工作中，比较缺乏对文化因素的渗透，这也是许多商务交流活动最终失败的原因之一。学生对交流方的商务礼仪等不了解，很有可能在商务交流活动中出现一些低级的失误，给他人留下负面印象，导致商务交流活动的失败，给企业贸易甚至国家贸易带来损失。因此，在商务英语教学活动中渗入文化因素对于提升该学科的教学水平和学生的实际应用商务英语开展商务交流活动的能力有很大的帮助。

一、商务英语教学中渗入文化因素的必要性

语言的存在与发展跟文化密不可分，脱离了文化因素，语言本身的魅力会大大降低。所以，语言和文化的关系非常密切，二者相互促进，相互影响。因此，

对于任何语言学习者来说，要学习的不仅是语言知识还要语言背后的文化知识。在商务英语教学中，对学生的跨文化交际能力进行培养，使得学生具备一定的商务英语交流能力是这一课程的基本目的。在教学过程中，也必然要包含商务英语教学，老师不仅要对学生的英语语言交流能力进行培养，还要对学生的商务文化能力进行重点培养，在学生掌握一定的商务知识的基础上，对其进行商务文化渗透，逐步地对学生的文化敏感度进行提升，以促进学生对相关国家文化的了解，提高其交际能力。因此，开展商务英语教学活动可以加深学生对商务英语知识的了解，还能对学生的商务文化意识进行培养，最终实现预期的教学目标。

二、商务英语教学中的文化因素分析

（一）商务时间的文化

时间观是全世界各国开展商务交流活动都必须要具备的基本观念，也是一种比较稳定的文化。总体来说，不同的民族时间观也存在一定的差异，主要还是文化基础的差异使得各族人民的时间观受到了很大的影响。在商务活动中，人们通常都会无意识地运用自己的时间观。在这种情况下，如果没有考虑对方的时间观，而只从自己的角度出发，必然会导致一些误会和冲突，最终致使商务活动出现失败。

西方人比较注重预约，这是他们时间观的一种具体的体现。尤其是美国人，特别看重时间观，不守时通常会被大家认为是不负责任的表现。所以，西方人不管是参与何种类型的活动都会习惯性地去预约。

（二）商务价值的文化

价值观能够反映出一个国家和民族的很多问题，是一种特定的文化，在生活和工作的方方面面都会体现出个人的价值观。从价值观的影响程度来看，在商务活动的全过程都会体现出价值观的因素，尤其是在实际的商务谈判的过程中，谈判双方对一些人以及事的区分，能够明显地表现出中西方在价值观方面的一些差异。

总的来说，中国人更加注重和睦，也非常提倡构建和谐的人际关系。在实际的商务谈判的过程中，也非常注重从整体的视角去看待谈判过程中的人和事。

通常认为只有建立非常和谐的人际关系，才能使谈判工作可以更加顺利地进行，并且对双方以后的合作也会起到很大的促进作用。但是在西方人看来，谈判过程中的人和事实际上是分隔开来的，他们更加看重利益，不会把人际关系与商业利益放在一起，这也使得中西方在开展商务谈判时存在比较大的差异。

（三）风俗习惯

风俗习惯是文化中非常重要的内容，具有很大的影响力。在开展商务谈判时，通常伴随一些社交活动，这些活动很大程度上都会受到文化因素的影响，并且在一定程度上决定着谈判的进程。在实际谈判的过程中，如果对于对方的文化习俗不够熟悉，而做出错误的决定，很有可能带来巨大的损失。因此，在谈判前，要充分了解对方的文化背景，做足功课，这样才不会在谈判中出现非常低级的失误。

商务英语在近年来逐渐兴起并受到了人们的广泛重视，其教学目的就是有效地提升学生的交际能力。鉴于文化因素对于商务谈判的重大影响，在商务英语的实际教学过程中，老师一定要注重把握好渗透文化因素的时机，让学生在学习商务英语专业知识的同时能够充分地了解主要贸易国家的商务文化。

第二节　商务英语教学的内容、特点及方法

现如今有很多的商务英语教学方法，如案例教学法、交际教学法和任务教学法等，其实每一类型的教学方法都有自己的好处，但是需要教师依照教学的对象、目的以及任务选择出适合教学对象的教学方法，以此来提高商务英语教学的教学质量。

一、商务英语的教学内容和特点

商务英语专业旨在培养出在各种国际商务活动当中能够运用英语进行相互交流的实用型交际人才，但是由于商务英语这个专业属于与人相互交流的形式，所以在教学过程当中需要教师高度重视实践教学环节。

（一）商务英语的教学对象以及教学目标

大多数商务英语培训教学的对象都是高职或者中职院校的经济管理学科的

学生，相对于普通的高等学校的学生，这些学生在素质以及英语的掌握水平上还存在着一定差距，由于他们的英语基础水平较差、英语词汇有限，所以时常会出现一些低级语法的错误，甚至是有的学生连最基本、最简单的日常用语都不能够完整地说出来，对这样的学生开展教学，是存在着一定难度的。但是相对于大学当中的英语或者是公众英语，商务英语在学习的过程当中比较重视应用效果，根据这一特点，相对于英语基础较差的学生来说，就降低了难度，在对学生进行商务英语教学的时候需要英语教师高度强调两点：第一，语言层面上，需要精通商务英语；第二，能力层面上，能够在商务活动当中运用英语进行交流和沟通，具有一定的交际能力。其中所提的商务活动大部分是指公司会议、求职面试以及商务出版、商务谈判等。

（二）商务英语教学的主要目的和任务

学生学习商务英语的主要目的是能够有效地提升自身的英语口语水平，能够在商务活动中游刃有余。商务英语教学的任务就是让学生能够完全地掌握开展商务活动所需要的专业英语词汇。

二、商务英语教学方法的比较

（一）商务英语教学方法：案例教学法

现如今的案例教学法大多数都运用在医学、法律、商务以及管理等方面，但是在当前的商务英语教学当中也逐渐地出现了案例教学法，即当学生完全掌握英语基础知识和基本理论的时候，教师运用案例的形式来引导学生，让学生能够把已经学习到的知识带入案例当中，并针对案例当中的问题进行思考分析，最终找出解决的办法。其实案例教学法的主要特点就是能够让学生积极地参与到活动当中，相对于传统的教学形式具有一定的趣味性。案例教学法旨在让学生能够根据理论去推理问题、解决问题，假设教师在选择案例的时候，案例内容并不是来自真实生活，那么此时的教学效果更好，让学生通过模拟的形式了解英语知识，当学生遇到相似问题的时候就能够运用已经学习到的知识解决问题。案例教学法有优势就有劣势，劣势就是需要依靠大量的案例材料才能够选择出适合学生的案例，目前我国商务英语教材当中的大部分案例都缺乏代表性和真实性，而且教材当中大部分的案例都是人为设计的。随着现如今商务活动的不断发展，教材当中的案例也需要不断创新，这对教材的编写人员提出了更高要求。

（二）商务英语教学方法：交际教学法

交际教学法最早出现于 20 世纪 70 年代，现如今已成为商务英语教学的主要方法，其主要目的就是培养学生的语言交际能力，让学生拥有较强的语言交流和社会交往能力。教师不仅要具备完善的英语知识结构，还应具有丰富的交际经验，在人际交往的过程当中具有强大的社会能力，在个人的性格上要开朗、外向。但是当前的商务英语教师，都没有充足的商务活动经验，所以在商务英语教学过程当中教师采取交际教学法，最终的教学效果不一定能够达到预期的效果。

（三）商务英语教学方法：任务教学法

任务教学法就是以人为本、以学生为本，重视培养学生的应用和创新能力，促进学生对学习产生积极的态度。任务教学法主要划分为三个步骤：第一，教师把任务带到学生思想当中，要给学生讲解与完成任务有关的知识点，并讲解任务的要求和实施任务的方式；第二，让学生以个人或者是双人、组队的形式完成教师所布置的任务，最后由小组成员汇报完成任务的情况；第三，相互讨论并总结自己的心理感受。其实任务教学法的主要优势就是能够把书本当中的内容换一种形式展现在学生面前，让学生能够根据自己的了解，进行交流、协作。教师所设计出来的学习任务要具备可操作性及拓展性等特点，学生能够完成，不能让学生感到十分困难。最后教师可以借助任务教学的形式改善师生关系，对教师和学生之间的配合提出更高的要求。教师要能够根据学生学习的不同情况设计不同的任务目标，让学生完全地掌握商务英语知识。

综上所述，当教师在对学生进行商务英语教学的时候，要能够根据学生的学习特点找出适合学生的学习方法，由于商务英语的特殊性质，教师要将语言和实践相结合，不断地培养学生的人际交往能力，还要根据商务英语教学的特点创新教学方法，进一步促进商务英语的发展。

第三节　"行动研究"与商务英语教学

据悉，截至 2020 年高考前，我国开设商务英语本科专业的高校有 309 所。可以预计，除研究型大学外，普通高校外语院系大都会开设商务英语本科专业，因为市场更需要既有扎实的英语功底，又非常熟悉国际商务知识的复合型应用性商务英语专门人才。然而，商务英语的发展令人喜忧各半。喜的是商务英语本科专业的发展前景较好；忧的是发展过快难以把控商务英语人才培养质量。

随着《高校商务英语本科专业教学质量国家标准》（以下简称《国标》）的出台，商务英语本科教学质量列入了教育部英语分教指委的议事日程中。《国标》旨在统一我国商务英语本科专业教学思想，提高全国的商务英语办学质量。本文指导教授翁凤翔参与了该《国标》的起草与制订，深知《国标》对商务英语本科专业的发展意义重大。由此看来，加大力度研究商务英语教学以保证商务英语专业人才培养的质量是商务英语界同仁的重要任务。目前我国商务英语界对商务英语教学有较深入的研究，但引入"行动研究"法的不是很多。我们发现，"行动研究"法对处在商务英语教学一线的教师研究商务英语教学有很大的现实意义。我们认为，有必要在当代商务英语教学中引入"行动研究"。与往常的学术研究不同，行动研究不是以专业研究人员为主的研究，是指实践者（行动者）对自己的"行动"（实践）进行反思和研究。这一研究范式的应用，可以解决教学过程中的实际问题，能够提高商务英语教学质量。

一、关于行动研究

（一）行动研究的相关背景

"行动研究"是个舶来品，属于一种研究类型，是一个易学且易操作的研究方法，于20世纪40年代在美国的社会科学研究中出现。20世纪50年代开始，人们将它应用于教育研究之中。自20世纪70年代起，行动研究越来越受到教育实践者和教育研究者的欢迎。目前，行动研究已成为广大教育技术实践者从事教育技术研究的一种重要方式。

第二次世界大战期间，美国的社会工作者约翰·柯立尔和著名的社会心理学家勒温等人在对传统社会科学研究进行深刻的反思之后，提出了"行动研究"概念。

一般来说，"行动"与"研究"是人们所从事的性质完全不同的两种活动，前者指实际工作者的实践活动，后者指训练有素的专家、学者所进行的专业探讨研究活动。约翰·柯立尔和勒温在各自的研究工作中发现，社会科学研究者如果仅凭个人兴趣，仅仅是为出成果（如发表著作、论文）而做研究，那么其研究工作就难以满足社会实践的需要；另一方面，实际工作者若不研究自己所处的环境和所面临的问题，同时又得不到专业研究者技术上的帮助，那么他们便只能是空有一腔"热情"，其结果是无法做出"有条理、有成效的行动"。为了改变这一现状，上述两位学者提出了一个社会科学研究的新思路、新方法，即在真实的工作过程中进行研究，并且由实际工作的实践者本人从事研究，适当地与专业研究者合作进行研究，目的在于使成果能够为实际工作者所理解、掌握和应用。换言之，让他们能够通过研究，并利用该研究成果解决工作中的实际问题，从而达到"没有无行动的研究，也没有无研究的行动"的目的。

行动研究发展过程中的另一位重要人物也值得提及，尤其是在涉及教育领域的行动研究时，他就是考瑞。考瑞当时是哥伦比亚师范学院的院长，于1953年出版了《改进学校实践的行动研究》一书。在该书中，考瑞首次系统地将行动研究应用到教育实践中来。他认为所有教育上的研究工作，应该由应用研究成果的人来担任，这样才能使其研究结果不浪费。也就是说，他认为与教育有关的各方，如教师、学生、辅导人员、行政人员甚至学生家长等需要不断检讨学校的措施与教学质量，如此学校才能适应现代生活之要求。

我国在引进西方国家先进科学技术的同时，"行动研究"新理念也于20世纪80年代初被介绍进来，不过当时人们对该新概念没有进行深入的研究。至20世纪90年代中期有人开始对行动研究进行比较系统的研究。从教育行动研究引入我国以及我国的发展现状来看，教育行动研究本土化的过程主要经历了以下三个阶段。①译介引入阶段（20世纪80年代～90年代初）。②发展推广阶段（20世纪90年代初～90年代末）。③教育行动研究的多样化发展与应用阶段（21世纪初至今）。迄今，我国教育界对行动研究较为重视，尤其是在师范院校中更是如此。行动研究方法似乎多应用在中小学的教育实践中。然而，在高等教育领域，行动研究的应用仍不是很普遍。

我们认为，行动研究具有广泛的应用价值。例如，高校商务英语教学可引入行动研究，借此对商务英语教学质量进行反思，以提高商务英语教育质量。再如，在我国翻译界一直存在翻译实践者和翻译理论研究者之间的隔阂。有些翻译实践者瞧不起翻译理论研究者，认为他们没有翻译过著作，尤其是没有翻译过世界名著。根据这种现状，行动研究方法也可以引入翻译界。翻译实践者自身可以在翻译实践过程中发现问题，然后对问题进行研究，因为行动研究的参与者就是行动的实践者（在这指翻译家自身）。另外，行动研究还重视行动实践者（翻译家）和专业研究者（在这指翻译理论研究者）之间的合作。如果翻译实践者和翻译理论研究者都能进行行动研究，对自己的"行动"（分别指翻译实践者的翻译实践和翻译理论研究者的研究实践）进行反思与研究，并展开协作，这样就可以相得益彰，取长补短，同时又能加深两者之间的沟通与理解，可以在不同程度上解决翻译理论研究和翻译实践研究脱节的状况。

商务英语界的研究人员大多数是教师，他们从事商务英语教学与研究，专门从事商务英语研究的人员较少。商务英语教师身兼两种职能：教师与研究者。

换言之，商务英语教师有教学经验也有科研经验。如果他们将行动研究法应用到商务英语教学研究中，会有助于提高商务英语教学质量，因为行动研究法是实践者用来研究解决实践中的实际问题的一种研究范式。以下将进一步讨论。

（二）行动研究的定义

行动研究的定义有很多，但基本上大同小异，都是从不同角度对行动研究进行阐释。我们此处的行动研究特指在教育背景下的"行动研究"。

有多个知名学者给行动研究下过定义。比如，澳大利亚学者凯米斯在《国际教育百科全书》中给"行动研究"下的定义是，"由社会情境（包括教育情境）的参与者为提高对自己所从事的社会或教育实践的理性认识、加深对实践活动及其依赖的背景的理解，所进行的反省研究"。该定义明确指出实际研究者就是实际实践者，强调行动研究的行动人对自己的行动进行反思。英国学者约翰·埃利奥特下的定义是，"行动研究是对社会情境的研究，是以改善社会情境中的行动质量为角度的一种研究"。该定义从研究视角描述了行动研究的实质。

由以上定义可知，行动研究的核心是对自己实践工作的"反省""反思"。在商务英语教学中，行动研究中的"行动"指教育实践，换言之，指教师的施教过程和为施教过程而采取的行动。所谓"研究"，一般指专业研究人员或专家教授进行的理论研究，或指受过专门训练的专业工作者、专家学者对人的社会活动和社会科学的探讨。"行动"和"研究"属两个不同的概念，被用来描述不同的人所从事的不同性质的活动。商务英语行动研究中的"研究"，主要指教师本人对自己施教过程（教学工作）中的问题加以研究，这种研究是教师本人对自己的教学所进行的"反思"。据此，我们认为，在商务英语教育领域中，行动研究可定义为一种研究范式，是指在真实自然的商务英语教育环境中，商务英语教育实践者按照一定的运作程序，利用多种研究方法与技术，以解决商务英语教育实践中存在的问题为首要目标的一种研究范式。

（三）行动研究的性质

行动研究不是理论研究。在商务英语教育中，它不是探讨商务英语学科理论或教学理论的研究。商务英语行动研究是指针对商务英语教育实践中出现的问题加以研究。换言之，在商务英语教育技术领域中，行动研究所关注的不是某种理论研究者认定的"理论问题"，而是教育技术决策者、院长、系主任、教师在工作中所遇到和亟待解决的"实践问题"。"商务英语教师的行动研究是指其在商务英语的实际教学中，不断针对具体问题进行的观察与研究，实际上是英语的教学研究。"

行动研究在本质上是一个过程，一个追求更合理的教学实践的过程。其目的在于让教师获得一种内在启蒙和释放的力量，拓展思考维度，获得新的探寻方向以及增强教育实践能力和自我超越的能力。为了便于解决问题，行动研究有时需要借用某一学科的主张或某一理论知识。例如，针对商务英语教学过程中出现的学生翻译能力差的问题，行动研究者可以借助翻译理论和英汉语对比理论来阐释问题。此外，行动研究还可能容纳和利用有利于解决实践问题、提高行动质量的经验、知识、方法、技术和理论，尤其是重视实践者以及实际工作者对实践和实际问题的认识。行动研究不关心"一般知识"和"理论"的发现、产生，它主要对以下几点加以重视。

①重视从具体、特殊到一般和普遍。
②重视已有的理论和知识。
③重视渗透在行动计划中的经验和理论都必须接受实践的检验、修正、补充。
④重视知识和理论来源于实践，并在实践中体现其有效性和真理性。

行动研究不探究商务英语理论，研究所获得的成果不是为了获得普遍的应用，只是为了解决本校、本院、本系、本班的某一问题。如怎样选择合适的商务英语 DVD 影像资料，怎样解决营销英语课程教学中遇到的问题等。这些问题具有一定的针对性和特殊性，能及时满足教育实践活动中教师解决困难的需要。行动研究有时采用量化的研究方法，不过，大多数情况下，行动研究以质的研究方法为主，在资料的验证上常采用多种方法搜集资料。

综上可知，行动研究不是理论探讨，而是着重于对实践行动中的问题进行探究的一种方式，是一种应用性研究。

（四）行动研究的特点

行动研究与专家学者所进行的科学研究有明显的不同，其特点主要有以下几个方面。

1. 研究者本人就是实践者

行动研究的研究者不是局外人，是教学实践者，即教师。例如，在商务英语领域，我们有专门从事商务英语研究的专家学者，他们对商务英语学科某一理论进行学术探讨，如探讨商务英语的逻辑起点、学科理论体系，这些是纯学术的研究。而行动研究则是行动者针对自己的"行动"所做的研究。商务英语教师本人可以对自己在商务英语教学过程中遇到的问题进行研究，如商务英语写作课学生参与互动的问题、教学过程中商务英语语言知识和国际商务专业知识的教学比重问题等。在商务英语教学过程中，存在许多类似的问题。商务英语教师本人就是这些问题的研究者。他们通过各种不同途径对工作中的问题进行实地调研，也可以通过借助实验获取数据等方式来研究解决问题。

创立实验主义的杜威认为，"人们如果想发现什么东西，就必须对事物做一点什么事；他们必须改变环境。这是实验室方法给我们的教训，一切教育都必须学习这个教训"。杜威还认为，不仅在使原则适应实际的情况方面有大的自由，而且如果可能的话，将赋予教师更多的责任。杜威很看重教师的实践。"实践是第一位的，也是最终的，实践是开始，也是结局。"商务英语教师参与了教学实践，最有发言权；亲临其境，了解问题的起因，并通过行动研究的实践来反思教学工作，认识、分析和解决问题。当然，行动研究者也可与学术研究者合作，对商务英语教学过程中的问题进行研究。

2. 研究者在"行动"中进行研究

通常的研究工作中，研究者只是对某一课题进行独立的研究；而行动研究者是在自己的行动中（实践中）进行研究，如商务英语教师对综合商务英语课程中学生掌握知识的情况加以研究。他可以通过实地调查，也可以通过问卷调查等形式进行研究。

3. 行动研究者是研究的主体

行动研究中行动研究者是主体，但也可能是研究的客体。不过，绝大多数情况下，行动研究者是行动研究的主体。在通常意义上的社会科学研究中，实践者是被研究者，是研究者所研究的客体或对象；而在行动研究中，他们成了研究的主体，不是被动地接受他人的研究成果，而是对自己所从事的工作加以研究。如在商务英语领域，商务英语教师可以对商务谈判课程的教学模式进行研究，在自己的教学过程中找出问题，然后以自己为主进行研究。

4. 研究者是研究成果的应用者

在一般的学术研究中，研究者并不应用学术研究成果；而行动研究的成果则为研究者所应用。它强调研究结果的即时应用，而非学术理论的验证或建立。行动研究将实践工作者、研究者、研究应用者结合为一体。换言之，行动研究中研究者是所研究的环境中实际工作的人，另外还是使用该研究成果的人。例如，商务英语教师发现学生参与商务英语写作课的积极性不高，通过行动研究可以找到问题的根源：一是传统的写作课基本不需要互动；二是学生不了解国际商务公司文本制作中经常有团队讨论的情况。商务英语教师可以将行动研究获得的成果用于自己以后的教学。

（五）行动研究类型

一般将行动研究分为三大类型：为行动而研究，在行动中的研究和对行动的研究。

1. 为行动而研究

为行动而研究指的是行动实践者使用科学的方法，对自己的行动加以研究。在商务英语教学中，就是指商务英语教师针对自己的教学行为做研究。

2. 在行动中的研究

在行动中的研究指的是行动实践者在自己的教学过程中，而不是在实验室或是模拟的环境中对自己的实践进行反思与研究，以达到改进行动的目的。该特点不同于传统的科研活动：研究人员在自己的实验室或是办公室进行案头研究，必要时才到实际场地进行实地调查研究；而行动研究一直就是在真实的实际工作环境中进行研究。

3. 对行动的研究

相对"为行动而研究"而言，"对行动的研究"意味着行动研究是一种"以问题为中心"的研究形式；而"为行动而研究"则意味着行动研究"以实践为中心"。对行动的研究指的是行动实践者为解决实践中的问题而进行的研究。在这种情况下，行动研究被视作教师或其他实际工作者针对教育实践中的实际问题进行的研究。如在商务英语教学中，商务英语教师在其教学过程中对自己的教学行动（教学过程中的各种行为，如PPT设计、影像资料选择、课堂讲解、书写板书等）进行反思与研究。

二、行动研究程序

任何研究都遵循一定的程序、步骤，行动研究也不例外。澳大利亚学者凯米斯认为行动研究的过程分为以下一些步骤：①发现问题；②调查研究；③重新确认问题；④制订行动计划或措施；⑤实施计划；⑥观察收集数据；⑦分析、反思与评价效果；⑧撰写研究报告。

以上八个步骤关系紧密，一环扣一环：第一步，首先发现实践中存在的问题，这种问题通常具有普遍性或代表性；第二步，对该问题进一步审视，做一些必要的调查研究，对问题加以确定；第三步，针对确定的问题认真思考，重新认识该问题的性质；第四步，制订出行动计划，如行动安排、人员安排、辅助设备安排（如果有）、问卷设计等；第五步，具体实施计划，在实施过程中，可以根据实际情况适当调整原来的安排；第六步，对上一步获取的信息和数据进行加工处理，如按照"去粗取精、去伪存真"的原则加以分门别类，对比分析，认真研究，找出问题的根源所在，得出结论；第七步，对所完成的行动研究反思，如认真思考完成的行动研究是否存在问题，对行动研究的实际效果加以反思，对所得出的结论是否客观、是否符合实际情况做进一步验证；第八步，在行动研究的基础上撰写报告，报告中需要指出问题，明确解决问题的方法。

以下以商务英语的行动研究为例来进一步阐释凯米斯所描述的这些过程。

（一）发现问题

在国际营销英语课程教学过程中，教师发现学生对到讲台前进行PPT推介演练积极性不高，原因何在？提出假设：①学生怕在课堂推介活动中出错，丢面子；②学生不习惯这种教学方法；③学生缺乏营销推介体验。

（二）调查研究

通过仔细观察课堂中的气氛，并对部分学生进行个别访谈，发现所有学生对该课程都感兴趣，也喜欢借助PPT模拟国际营销推介。调查发现，问题的根源在教师的教学方法方面。课堂上教师对推介的作用虽然做过详细的解释，但是，没有展示实际样板或通过影像资料展示跨国公司真实的推介活动。另外，学生对国际营销方面的常用英语术语、句型掌握得不好，对所推介的产品性能也不太了解。这些都影响了学生参与课堂模拟推介活动的积极性。

（三）重新确认问题

学生参与模拟推介活动的积极性不高的直接原因是教师在课堂上讲解得太多，而学生的练习时间不够。另外，没有给学生提供系统的国际营销常用语和句型，没有提供足够的相关案例。

怎样才能改变这种状态呢？

（四）制订行动计划或措施

教师采取以下措施：在讲解课文前，设计一些与课文有关的国际营销专业问题和营销英语语言问题，启发和引导学生思考和回答这些问题，对部分关键词语、句型进行讲解；然后，将学生分成小组让其讨论，要求学生对这些问题做出解答，每组之间进行竞争，看哪一组能正确回答更多的问题；每组选出代表对上述所提出的问题进行必答与抢答；之后老师做出点评，对每个问题给出正确答案，并做进一步解释；播放短片展示公司真实推介产品的情景，让学生对跨国公司的产品推介活动有初步的感性认识；同时，给学生讲解一些常见的推介技巧，包括着装、礼仪、推介时语言声调的处理、团队合作（每个人之间的衔接）等；将学生分成小组，每组作为公司的营销部，每组的组长扮演营销部经理角色，其他成员扮演营销部员工，让每个小组先自己演练。这样，每个学生就都能参与活动。

（五）实施计划

在措施实施过程中，根据实际情况，及时发现问题、调整计划；另外，当授课对象不同时，计划应及时做出调整。

（六）观察收集数据

在行动研究过程中，研究者的同事可以提供帮助，如用摄像机将行动研究的全过程拍下来；另外请学生以书面的形式告诉教师他们的真实感受；再就是通过问卷调查方式获取学生的反馈信息。对上述行动研究获得的信息与数据进行加工处理、分析、对比，确定信息与数据的真伪，对学生的反馈信息做深入的研究。

（七）分析、反思与评价效果

教师将观察到的情况记录下来，将有关情况反馈给学生，并进行分析和研究。对学生的自我模拟推介活动的效果进行对比分析发现，学生自主活动的能力实际上很强，学生有展示营销推介的欲望。因此，该教师充分认识到，学习语言是一个动态加静态的过程。动态过程指的是学生就商务英语的教学内容进行的演练活动；静态过程指的是商务英语学习过程中的自我学习、自我思考的过程。在总结这一经验的基础上，要不断设计出更好的课堂活动让学生参与。不过，教师发现每个小组的活动效果不一，组与组之间的效果相差甚大，有的学生表现得非常积极，而有少数学生表现得不是很积极，这应该是教师下一步要解决的问题。

（八）撰写研究报告

教师将研究的过程与结果形成报告供自己以后参考，也可以与同事进行商务英语教学经验交流，并争取在有关的期刊上公开发表行动研究报告。

通过上述讨论我们得知，在商务英语教学研究中，行动研究是一个行之有效的提高商务英语教学质量的研究范式，为商务英语教学研究提供了不同的研究思路。因此，商务英语教学实践者、管理者等可以通过行动研究范式，对商务英语教学、商务英语教育管理等加以研究。

第四节　后金融危机时代的商务英语教学

金融危机对全球经济的影响是一个持续的、难以预计的过程，这就是后金融危机，它给世界经济造成的破坏甚至大于金融危机发生时期，而商务专业对于外贸行业的依附度很高，受后金融时代的影响也较大，这就导致了商务英语教学必须改革，以适应后金融时代市场的需求，提高学生的就业率。因此，后金融危机时代需要对商务英语教学进行科学的、详细的、切合社会实际的思考，以促进人才质量的提升。

一、后金融危机对商务英语教学的影响

（一）后金融危机对电子商务学生就业的影响

金融危机使世界经济进入了一个缓步增长的阶段，甚至一些国家和地区在金融危机影响下经济出现了负增长，全球的贸易格局都发生了很大变化，随着后金融危机时代的到来，我国经济受其影响的程度也更为明显，出现了生产企业销售难、外贸行业产销低迷、学生就业困难等问题。针对大学生就业方面，后金融危机时代的主要表现有如下三个方面。①就业岗位少与毕业人数增加的矛盾，虽然国家在不断地扩大学生的就业面，为其提供了更多的就业岗位，但相对于毕业生数量的增加，社会就业岗位明显太少。此外，受后金融危机影响，很多大企业开始裁员、减少招聘，甚至一些大企业都不再面向校园招聘，这就使学生的就业形势更为严峻。②各高校不断扩招、毕业生增多了，但毕业生的质量并未得到有效的提高，特别是在后金融危机时代，社会对于人才的综合素质要求不断提高，高校很多的毕业生都难以适应当前的局势，这就造成了部分企业招揽人才难和大学生就业难的"奇怪现象"，一边是人才的紧缺、一边却是大学毕业生的相对过剩。③高校培养人才的思想、理念滞后，大多数老师、学生还不能认清后金融危机时代人才培养的紧迫感和社会真实的需求，这就造成了高校人才培养模式改革难，很多改革只停留在形式上，致使高校毕业生成为"低不就，高不能"的"剩才"，这种人才培养现状很不利于我国经济的持续、稳定发展，也是后金融危机时代对高校教育最为显著的影响结果。

（二）后金融危机对商务英语教学的影响

商务英语所依附的行业是外贸商务，其就业的主要"阵地"是外贸出口类企业，而这一类企业的发展对外有很高的依附性，国际经济局势的变化对其有

很大影响。例如，生产类企业，其产品的附加值不增加，在价位降低的情况下其盈利就会受到影响，且产品的国际市场竞争力不能只依靠产品价位，这就导致了企业的订单减少，企业的生存面临巨大的压力，在此情况下，企业不可能再扩充人力资源。又如，随着后金融危机时代的延续，很多企业经营落魄，甚至倒闭，这就导致了大量的失业人员流入社会，这些员工工作经验丰富，无疑是毕业生强大的就业竞争对手，学生的就业形势更为严峻。由此可见，后金融危机对商务专业学生的就业影响是不容忽视的，商务英语教学应充分考虑当前后金融危机的特点及其演变的趋势，以提高学生的就业率，为其提供更多的发展机会。

二、后金融危机时代商务英语教学改革的必要性

综上所述，后金融危机时代商务英语教学改革势在必行，要结合当前社会用人实际有规划、有步骤地进行教学改革。①创新商务英语教学思想、理念，这一改变可以重塑广大师生的教育观、学习观，使学生在就业过程中更能理性地看清形势，将长期事业目标和短期实际规划相结合，给学生营造一个更为科学、理性的求学环境，促使高校的教学总体水平得到大的提升。②商务英语教学改革中新的教学方式、方法的应用拓展了学生对未来职业岗位的认识，提高了学生的职业素养，使其综合就业能力得到了提高。例如，实训教学中，一些商务谈判中的突发事件、经典案例等，不仅有利于学生巩固所学知识，还有助于提高学生分析事件、处理事件的能力，这对学生职业能力的提高有极大的好处。当前学生的就业形势严峻，商务英语教学改革优化了高校人才培养的模式，使学生在就业过程中有更强实力，也使高校培养人才的模式更能符合当前的社会需求，提高了人才的综合质量。

三、后金融危机时代商务英语教学策略探讨

（一）认清人才需求市场，确立人才培养目标

高校学生就业困难的现状，看似"人才饱和"，社会工作岗位紧缺，其实不然，只是社会工作岗位对人才有了更高的要求，特别是商贸行业对于人才的要求更高，这一行业、企业紧缺的是高素质、高能力的复合型人才，针对社会需求，商务英语教学改革中，首先，要树立正确的人才培养目标，培养学生对知识的学习、掌握及应用能力，使学生能够将自身所掌握的知识技能转化为工作岗位上的技术能力，以人才推动企业发展，促进社会经济发展。其次，树立

产学结合的教学理念，将商务英语的教学和实际应用结合起来，例如，和外贸企业联合教学，让学生在教学参与过程中接触实际的工作岗位，以此提高自身的职业能力。又如，实施产教结合教学策略，使学生在工作岗位上体会商务英语知识的内涵和应用，可通过实际定岗训练、软件模拟训练等手段，促进学生对知识的掌握和理解。如商务英语谈判中用英语联系对方企业的相关人员，由于中西方文化的差异，在谈判过程中很多细节是需要注意的，有可能是影响谈判结果的关键，在商务英语教学中学生不一定能充分掌握文化差异的特点及其对商务谈判的影响等，应用模拟实训软件可以使学生对不同的文化产生兴趣，从而纠正学生在英语商务谈判中的"中式思维"模式。再次，引导学生认清人才市场需求的现状，培养学生独自分析问题、解决问题的能力，使其在商务英语教学参与中树立长远的职业规划，避免学生毕业后择业、就业的盲目性。例如，在教学中以"我的职业和未来"为主题进行讨论、辩论，让学生用英语阐述自己的观点、理想等，以此让学生树立对未来职业的正确认识。又如，通过职业情景模拟让学生进一步了解商务英语应用的实际状况，以此提高学生对知识的理解深度和应用能力，同时使学生制订长远的学习计划，重视商务英语学习与其他学科的结合，进而增强其职业能力，使其在市场竞争中拥有更强的竞争实力。

（二）以社会需求为本，大力培养人才的实践能力

培养社会所需人才是高校教学的本职工作，后金融危机时代商务英语人才的培养以社会需求为导向更显重要，这就需要商务英语教师更好地调整教学策略。第一，以社会需求为根本进行人才培养，当前社会形势下，传统的人才培养模式培养的中低层商务英语应用人才已经不能满足商务外贸行业对人才的需求，这就需要商务英语教师进一步拓展思路，应用先进的教学手段，培养该行业的高端人才，如上述的产教结合人才培养模式、校企联合人才培养模式等，以此提高人才的质量，满足社会对高层次人才的需求。第二，现代行业岗位对于知识的应用趋于综合性，也就是人在岗位上除了做好自己的本职工作，具有很强的职业素养外，还要具有很强的合作能力，对于职业岗位的相关技术、技能、知识等有很广泛的掌握和应用能力，这就要求商务英语教学不能仅仅只停留在专业的层次，要引导学生向相关领域探索，以提高学生的综合能力和知识综合应用能力，为社会培养高端的复合型人才。第三，重视专业知识应用能力的培养，不能让学生广泛涉猎而无一精湛，要严格要求学生的商务英语专业能力，并在此基础上涉猎别的领域，将其融入商务英语的应用实践中，以此提高学生自身的专业能力，使学生在就业过程中具有更强的实力。

（三）注重学生职业能力的培养，促进学生职业素养的提升

学生职业能力培养的最终目的是适应社会岗位需求，使学生能够在就业后有个更好的发展，从而实现学生的职业梦想，同时也提高学校的声誉，使学校在教育领域有更好的发展。首先，在学生职业能力和职业素养提升过程中，最重要的是结合市场对人才的需求，从专业、心理、体质等多方面培养学生，提高学生的综合能力。例如，在实训教学软件应用中，设置突发事件场景，如接机时和对方失去联系，在此情况下学生该如何应付这样的突发状况；又如，在商务业务洽谈中，对方通过电话要求获得企业的相关资料，在这种状况下哪些资料能给、哪些资料不能给等，这些都可通过实训对学生的认知加以强化，使学生能够在动态的事件发展过程中恰当地应用知识处理问题、解决问题。同时，又在实训过程中提高了学生的心理素质，使其在工作中有更佳的工作状态和工作态度。其次，以动态的眼光看待社会对人才的需求，在改革开放之初，商务英语人才非常紧缺，当时商务英语低档次的应用人才的培养就是社会的需求，在人才培养中，以学生对英语知识的应用为主要的培养目标。随着时代的发展，商务英语中低档的应用型人才已经饱和，当前社会需要的是高端的商务英语复合型人才，在人才培养中，商务英语教学更要注重人才发现问题、解决问题能力的培养，提高所培养人才的综合素质，使其成为该行业的高端人才，具有很强的知识灵活应用能力和解决问题的能力。因此，就需要和企业、公司联合教学，使学生在实践过程中提高商务英语专业能力，同时发现自身性格、思维等方面的一些不足，进而在商务英语学习中结合老师的启发和引导完善自身，具有更高层次的职业素养。最后，教师要在商务英语教学中应用多种教学手段培养学生的职业能力，以此提高学生的综合素质，例如，应用小组讨论教学法，以此提高学生与他人合作的能力，增强学生的协作能力，使学生的才华得到更好的施展。又如，在实训教学当中，应用科学、客观的褒奖教学法，使学生自己探索在商务英语实训过程中发现的问题，培养学生善于思考、善于自省的习惯，使其在未来的工作岗位上能够独当一面，发挥自身更大的潜力。

后金融危机时代，各国经济的发展存在太多的不确定因素，在此情况下培养商务英语人才必须从实际出发，从社会需要出发，重视学生商务英语综合应用能力的培养，同时提高学生的职业能力和职业素养，使其在众多的不确定因素中找到发展的机遇，以促进学生的发展，造就学生职业生涯的第一次辉煌的成就。

第五节　商务英语教学中商务文化意识的培养

随着全球经济一体化的加深，国际商务活动不断增加，国内商务英语专业人才短缺，为了顺应这一趋势，国内许多学校开设了商务英语专业。商务英语专业的培养目标能体现出商务英语专业的综合性和实践性的特点，要求学生在能运用英语沟通的同时，又注重商务知识的学习，把"商务"和"英语"有机地结合起来。除此之外，不容忽视的是商务文化意识的培养，这将直接影响到商务活动的成功与否。而培养学生的商务文化意识就要求任课教师在课堂上逐步渗透，只有商务文化意识提升了，才能为将来从事商务活动奠定扎实的基础。

一、商务英语教学中商务文化意识培养的意义

按照国际语言学术界普遍认同的观点，高等教育中的英语教育可以分为ESP（专门用途英语）和EGP（普通英语）两大类。EGP旨在培养外国语言文字工作者，而ESP则旨在培养能在特定职业中使用英语的专门人才。ESP课程有明确的教学目的、教学内容，EGP则仅仅作为一门语言课程。商务英语是ESP中的一个分支，而且已经取代科技英语成为ESP中发展最快、最重要的一个分支。

商务英语教学相较于普通英语专业教学而言，对教师及学生提出了更高的标准和要求，旨在培养既掌握英文专业知识，又具备商务专业知识的复合型人才。

在国际大背景下，各国在政治、经济、文化等方面的观点不尽相同，为了在沟通交流的过程中避免一些不必要的麻烦，高效处理商务事宜、商务文化冲突就必须纳入我们详尽考虑的一个重要方面。如果双方没有商务文化意识，那很有可能会直接影响到商务活动的成败。那么，在商务英语相关知识学习的过程中培养学生的商务文化意识，可以为学生在毕业以后参加正式的商务活动打下良好的基础。

二、商务英语教学案例中出现的商务文化现象

英国文化人类学的奠基人爱德华·泰勒在1871年出版的《原始文化》中这样写道："文化是一个复合整体，包括知识、信仰、艺术、道德、法律、习俗以及人类在社会中所获得的一切能力与习惯。"来自不同国家或地区的人都有着迥然不同的历史文化传统和风俗习惯，各国商人的文化背景、价值观念和

逻辑思维方式也存在着明显差异。文化差异会引起不必要的碰撞或冲突，有很多案例表明，文化冲突直接影响了商务活动的正常进行。在商务交往过程中，在不同的文化背景下，如何减少文化冲突是商务人士必须思考的问题。

进行国际商务谈判时，来自不同文化背景的谈判者往往会遭遇思维方式上的冲突。以东方文化和英美文化为例，两者在思维方面的差异有如下三点。

其一，东方文化重演绎推理、形象思维，习惯于从一般到个别，即根据一般原理推出个别结论；而西方文化重归纳推理、抽象思维，习惯于从个别到一般，即从许多个别事物的特征中找出这一类事物的共同本质。

其二，东方文化偏好综合思维，即在思想上将各个对象的各个部分联合为整体，将它的各种属性、方面等结合起来。英美文化偏好分析思维，即在思想上将一个完整的对象分解成各个组成部分、方面。

其三，东方人注重统一，英美人注重对立。如中国哲学虽不否认对立，但比较强调统一方面，而西方人注重把一切事物分为两个对立的方面。

三、商务英语教学中培养学生的文化意识的策略

随着课程改革的逐步深入，商务英语教学对教师的要求越来越高，在教学过程当中，不仅要注重基础知识的讲授，也要注意结合社会实际情况。我国目前商务英语专业学生的文化意识还有待提高。

（一）提高教师自身专业素质

教师在课堂教学过程当中，处于主导地位，教师的知识水平直接影响学生的学习效果。因此，身为教师，首先应提高自己的商务文化素养，做一个懂得全世界各国背景文化的"多面手"；其次，要想丰富自身的商务知识和实践经验，教师应深入跨国企业中去，在实践中得到锻炼，在锻炼中积累经验。只有在这种情况下，才能培养出在不同的商务环境下、不同的国家文化背景下，具有较强交际能力的涉外商务人才。

（二）课堂教学中，注重文化教学

在教学内容设计过程中，教师应适当增加文化背景知识的介绍，融入商务英语相关课程中去。对一些具有特殊意义的重点词汇，除了让学生了解词汇意义外，还应强调其文化内涵及使用方法。教师可通过一些互动性较强的环节，来增强学生的记忆力，使学生能够较好掌握知识，并灵活运用。

(三)充分利用多媒体进行跨文化训练

在现代教学方式中,多媒体的使用使得教学手段更加新颖和高效,教师可以通过恰当使用多媒体,来提高学生们的跨文化意识。比如可以在网上搜集大量真实案例,让学生们进行分组讨论,探讨引起文化冲突的原因,并要求每组学生自己搜集相关材料证明自己的观点,在班级中分享给其他学生。或者可以借助视频影片、报纸等对异国的商务文化进行介绍,也可分组模拟谈判现场,在情景模拟中,提高文化意识。

在商务活动中,文化差异会直接影响商务活动的顺利展开,为了减少或避免文化冲突,在平时教学过程中,教师要加强学生文化意识的培养,学会换位思考。同时,在面对不同的文化时要保持端正的态度,促进文化的融合,只有这样才有利于双方的沟通与合作。只有培养出具有文化意识的商务英语专业人才,才能满足国家对商务人才的需求。

第六节 商务英语教学中跨文化礼仪的培养

经济全球化是时代发展的潮流,同时英语也成为最普遍的交流工具,其重要性不可估量。商务英语在我国发展了很长一段时间,而且其也是英语专业学生的必修课。商务英语教学的目的是教授学生们国际商务规则,同时不断提升他们的英语水平,最终成为掌握流利英语而且了解世界各地文化的全能型人才。商务英语教学中也需要注重商务礼仪的教学,虽然教学中知识很重要,但是礼仪也同样重要,从事商务活动就需要学好礼仪,了解他国文化尤其重要,我们需要培养懂礼仪的商务英语人才。

一、国际商务谈判礼仪与文化差异概述

礼仪无论什么时候都存在着,并且在人际交往中发挥着重要的作用。在国际商务谈判中要先了解其他国家的礼仪,然后才可以开展谈判,这个细节在国际商务谈判中起到很大的作用。对不同国家不同文化有所了解,才能使交流变得更加轻松,为国与国之间的文化交流以及合作提供桥梁。国家与国家之间的文化差异是指在历史、经济、文化方面的差异,这些差异为国家间的交流提供了一个好的平台,而且促进着国家之间的共同进步。在国际商务谈判中,面对各国之间的文化差异,一般都采取尊重的态度来应对。

二、商务英语教学中跨文化礼仪培养的必要性

随着时代的不断发展，世界经济已经得到了质的飞跃，商务活动也体现出了其巨大的影响力。商务英语在商业文化交流的各个方面都有一定的影响，但是在商业文化交流中最重要的还是礼仪。礼仪不仅是文化的一种体现，更是素质的体现。因此，需要在商务英语教学中提高学生们对礼仪文化的认识，不仅要掌握英语，还要对商务文化进行了解，从而进一步提高学生们的文化涵养。在商务英语教学中跨文化礼仪培养是十分重要的，其不仅可以使学生提升交流能力，而且能为我国培养高素质人才，从而促进商务文化的发展。

三、商务英语教学中跨文化礼仪培养策略

（一）加深学生对跨文化礼仪的认识

商务英语教学中有很多跨文化交流空间，我们需要合理地利用这些空间，使学生们可以更加快速地融入跨文化礼仪培养中，从而提高跨文化礼仪培养的效率。在课堂上，可以利用课堂环境，安排学生模拟一次商务交流，让他们身临其境加深对礼仪的认识，从而给他们留下更好的印象。首先，需要选择穿正装来体现个人的仪表，从而给他人留下好印象，这样也是对其他人的尊重。其次，可以通过构造一个情景，从而使学生们在实际的交流中了解到更多的礼仪，找到商务交流文化中的重点。在学生们开展情境对话的时候，教师可以即时讲解"外国使者"的语言及非语言礼仪，学生现学现用，教师对学生们的礼仪行为予以评价，学生及时做出矫正。商务英语教学实施情景教学模式，可以让每一位学生都真正了解跨文化礼仪，从而成为优秀的高素质商务人才。

（二）提高教师的文化礼仪素质

学生都是通过教师的指导学习到知识的，教师发挥着一种重要的作用。在跨文化礼仪的培养中，教师的个人文化素质将会对教学的效果带来很大的影响，所以教师需要进行多方面的学习，以便为学生们更加准确地传授知识。在实际的情景模拟中，教师应该实事求是地指出学生们的不足之处，而且需要对学生的一言一行进行详细的分析，这样学生才能知道自己的不足在哪里。在商务英语教学中，时刻要注意细节，教师需要不断丰富自己的礼仪知识，有必要可以去国外深造，了解外企，开阔视野，进而促进商务英语教学的发展。

商务英语教学与跨文化礼仪的有机结合，可以使人们更好地了解到跨文化礼仪的重要性。商务英语教学需要通过改革适应当今商务时代的发展，激发学生的学习积极性，最终培养出适应国际商务交流的高素质人才。

第七节　商务英语教学平台设计

我们所说的商务英语，即基于商务场景所使用到的英语，商务英语教学平台能让学习者了解到商务英语的真正概念，从而使学生更好地把握商务英语。

商务英语主要包括国际商法、国际贸易实务、国际市场营销、国际商务英语、外贸函电、国际金融、国际支付与结算，以及英语的一些基本能力，如精读、泛读和听力等。而我们的商务英语教学平台就必须根据这些内容去开发相应的学习训练，让学生在商务活动中做一个合格的商务人才。商务英语教学平台的开发主要包括以下几个层面。

一、用户界面层

用户界面层，在商务活动中主要作为一种媒介存在，基于此媒介，促进系统和客户之间的交互，以及促进信息的交换等。在用户与硬件之间，设计用户界面，基于此，双方能够更好地进行交互与沟通，进而顺利完成相应的任务。用户界面，往往使用在多个领域之中，总之，只要参与人类与机械的信息交流的领域，就要用到用户界面。

二、交互控制层

交互控制层是系统中最重要的一个层面，它主要负责回应客户的每一个请求，并且根据客户的请求完成相应操作，这一层面处于核心位置，开发这一技术是为了降低成本，减少人为参与，方便商业活动双方的往来。

三、业务逻辑层

业务逻辑层处于交互控制层与用户界面层之间，起到了数据交换中承上启下的作用。正因为如此，业务逻辑层的设计尤为关键，因为它扮演了两个不同的角色。对于数据访问层而言，它是调用者；对于表示层而言，它是被调用者。

总而言之，随着时代的发展，信息技术越来越发达，为了促进国际贸易的发展，人们积极使用商务英语，这就急需大量懂得商务英语的人才。所以，学校要不断培养这些人才，在学校让学生更好地学习商务英语课程，使其英文水平不断提高的同时，借鉴西方的企业管理理念、生活习惯等，只有这样才能顺应时代的发展。

第二章 应用型本科院校商务英语专业发展现状

第一节 应用型本科院校转型发展现状与趋势

教育部2020年的统计数据显示：截至2020年6月30日，全国高等学校共计3005所，其中，普通高等学校2740所；普通高等学校中本科院校（含独立学院）1258所；高职（专科）院校1482所。如果按照高校的称号分类，如"985工程""211工程""大字头""新建本科"（1999年后设置）、"高职高专"，我国的高等教育呈现金字塔式分布，如图2-1-1所示。

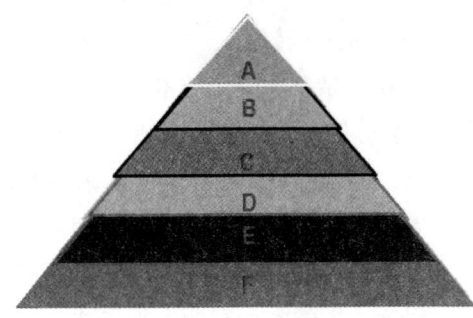

图 2-1-1　高校类型分布

然而，高等教育迅猛发展的同时存在的问题也非常严重，比如高校发展同质化、重数量轻质量等问题；企业招工难，而普通本科毕业生难就业的矛盾问题；高等教育生源不足，部分院校完不成招生计划等问题。所以高校尤其是新建本科院校转型发展是贯彻落实教育领域综合改革的重大举措。转型发展已成为当前和今后一段时期教育领域综合改革、推进教育体系现代化的重要任务。

2013年初，我国启动部分本科高校向应用技术型高校转型发展工作，天津职业技术师范大学等35所高校发起成立了应用技术大学（学院）联盟；同年6月28日，地方高校转型发展研究中心成立。2014年，地方高校转型发展列入教育部年度重点工作——"研究制订关于地方本科高校转型发展的指导意见，启动实施国家和省级改革试点，引导一批本科高等学校向应用技术类型高等学校转型"。2014年4月25日至26日，教育部在河南驻马店市召开首届"产教融合发展战略国际论坛"，国内178所地方高校、6所教育部直属高校、31个行业企业、33个政府及相关部门、54位经济、教育领域的专家学者，以及来自德国、英国、荷兰、芬兰、韩国等国的高校和行业协会代表参会，最重要的议题就是研讨"如何建设具有中国特色的应用技术大学"。截至2015年，约有150多所地方院校，报名参加教育部的转型改革，反应相当迅速。河南省拿出2亿元支持高校转型，共有10所河南高校申请转型。"转型"一度成为高等教育界的热词，引起社会极高的关注。但同时，由于对转型发展的误解、曲解，例如，"1999年以来的本科院校都必须转型""转型就是普通院校转为高职院校""转型就是全部转为应用技术型""应用技术型大学主要就是为了培养高级技工，以解决企业用工荒和就业难的问题""转型后不要再提学科建设，要以专业建设为中心"等言论，也引发了高等教育界的诸多批评。

如何正确理解高校转型？第一，要廓清与"转型发展"密切相关的几个概念。"大学的型"是指一所大学的办学形态，即办学体制、办学理念、办学思路、学校性质、培养目标和培养模式等。目前，大学的型有两大类提法，第一类可划分为研究型、研究教学型、教学研究型、教学型；第二类分为学术型、应用型和技能型。"大学的转型"是指一所大学办学形态的转变。一是颠覆性转型，即办学体制、办学理念、学校性质、培养目标和培养模式发生根本变化。例如，不同办学层次的转变，如研究型转为应用型，应用型转为技能型；不同性质的学校相互转化，如师范院校转为工科院校，医学院校转为经管院校等。二是内涵式转型，指办学理念、办学思路、办学定位、办学模式等的转型。

学术型大学是指全日制学术型高等教育学校，以培养教学和科研人才为主，授予学位的类型主要为学术型学位，它有一套较为完整的人才培养体系，有较为先进的科研理念。学术型大学侧重于实验性的理论探索与研究。这类大学主要培养学术型人才，即探索规律、发现规律的人才，其目标是为学术研究专家队伍培养后备力量。

应用型大学是相对于学术型大学和技能型大学而言的，为适应我国经济结构调整和满足高等教育大众化的需求应运而生，主要培养的是应用型人才，即应用规律的人才。其目标是为某一领域培养能设计、能操作、能研发、能革新、能管理的专业技术人员。

技能型大学，是以培养生产服务一线的高层次技能人才为主要任务的高等学校（高职高专）。技能型大学的任务主要是解决技术工人严重不足的问题，培养目标定位于为某一岗位培养能熟练操作，精湛技艺的技术能手。

第二，要理清与"转型发展"密切相关的几种关系。

①应用型大学与应用技术大学。应用型大学是本类大学的上位类型，是属概念，应用技术大学是应用型大学的下位类型，是种概念。应用型大学应包括各种不同类型的大学（如图2-1-2）。

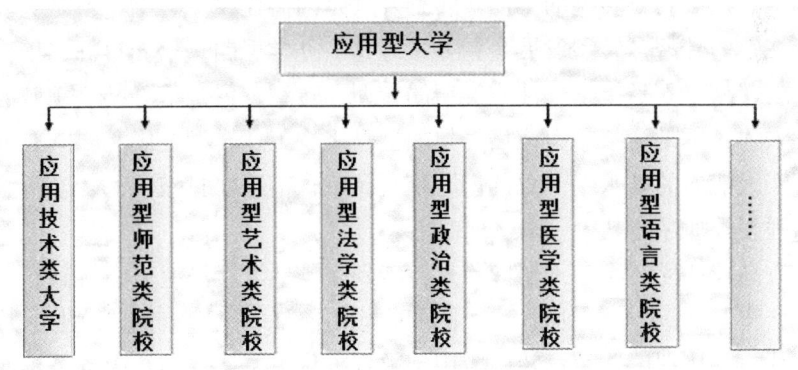

图2-1-2 应用型大学的类型

②应用型本科和技能型高职高专。不能把应用本科教育等同于实用型技能专科教育，否则，升本将失去意义，人才培养规格将不断下降。而没有发展潜力和可持续发展能力的人才是"伪人才"。

③大学转型和经济转型升级。经济转型是指经济体制的更新、经济增长方式的转变、经济结构的提升、支柱产业的替换,是国民经济体制和结构发生的一个由量变到质变的过程。中国当前经济转型的实质就是用现代科技改造传统产业,发展高新技术产业,提高经济发展中的高科技含量。产业结构转型升级战略的重点是推动战略性新兴产业、先进制造业健康发展;加快传统产业的转型升级;推动服务业特别是现代服务业发展壮大。大学生是经济社会发展的主力军,保持经济社会不断向前发展,转变经济发展方式,推动产业结构优化升级等都需要高素质人才。人才的培养应适应中国经济转型升级的需求而不仅仅是培养高级工人,大学转型应加强学科专业建设、科学调整专业设置、提升大学生的培养层次并优化其知识结构。

④大学生就业难与企业用工难之间的关系。大学生就业难和企业用工难并存是目前社会的突出问题,造成这种现象的原因有多种:传统就业观念根深蒂固、高校专业设置与社会发展需求存在脱节现象、学生所学专业不均衡、大学生的实践能力欠缺,部分企业没有人才储备观念,社会保障不健全等。要想解决大学生就业难、企业用工难的问题,各高职高专院校要尽快调整专业设置、改变培养模式、加大学生实习力度,培养企业所需的高级人才。新建本科院校也应积极探索人才培养模式,继续培养适应企业需求的高级技术人员、工程师等复合型人才。校企合作是一个比较好的解决办法:企业与高校的合作不仅能提供实习场所,还可以进行定向的人才培养。

第三,认清高校转型的本质。转型发展是内涵建设的转型,不是更名、挂牌等形式上的转型;转型发展是指办学理念、办学思路、培养目标、培养模式等方面的转型,不是指学校性质类型的转型;转型发展是培养某一领域的应用型技术人才,不是为某一岗位培养技能型高级技工;转型发展需要既有理论知识又有实践能力的高水平"双师型"师资队伍,不是要打破职称、学历管理,降低双师型教师标准。

地方高校如何转型?①转向何处?转到服务地方经济上来,转到产学研结合校企合作上来,转到增强学生就业创业能力上来,转到培养应用型人才上来。②要转什么?从理论性教育转向应用型教育,从单主体培养转向校企校地双主体培养,从以理论教学为主转向理论与实践教学并重,从分数评价转向能力评价,从注重上课、考试、文凭转向重视上课、实践和职业证书,从找饭碗教育转向造饭碗的创业教育。③如何转?定其型,地方本科院校应确立应用型学校定位;安其位,明确应用型人才的培养目标,为地方经济建设服务;循其道,遵守高等教育规律,加强产教融合、校企合作;谋其事,做好转型发展的顶层设计，促进校企校地深度合作，加快提高专业设置与社会经济发展的契合度，加快应用型人才培养方案的制定，加快应用型人才培养课程体系的建设，加快实践创新型教师队伍建设，加快学科建设，提高协同创新能力，加快实施蓝海生态战略，改善学校生态环境。

第二节 英语类专业多元化人才培养趋势

改革开放四十多年来，中国的高等教育事业取得了巨大成就，更是见证了英语专业的飞速发展。英语专业经历了一个"跨越式""超常规"的发展历程，已发展成英语类专业（英语、翻译、商务英语）。与此同时，英语专业过度膨胀的弊端已非常严重。国内众多学者认识到英语专业面临着严重的危机和严峻的挑战，并从英语专业学科定位、人才培养目标、教学模式和课程设置等方面，提出了英语专业综合改革的建设性意见。在学术界还在纠结英语的工具性取向或人文性取向、争论英语专业的专业性和存在价值时，商务英语和翻译专业异军突起。

以商务英语专业为例：2007年试办；2012年进入教育部本科专业目录（专业代码：050262）；2019年7月，全国已有393所高校开设商务英语专业。河南省有31所高校开设了商务英语专业，其中公办本科院校21所，民办本科院校（含独立学院）10所。商务英语专业的迅速发展是国内外经济大环境所决定的。第一，中国正在实施新一轮经济全球化战略，需要实现从人口红利向人才红利的转变。中国国际贸易学会会长王俊文在第五届全国商务英语研究会高层论坛上指出，中国第一轮以出口导向为特征的经济全球化红利开始消失，中国经济进入"新常态"。而商务英语专业的设立就是构建国际化人才培养体系的重要组成部分。刘法公也强调，新一轮经济全球化中，中国有了商务英语人才不一定行，但没有商务英语人才一定不行；只要经济全球化不变，商务英语人才永远有用武之地；这就是商务英语人才培养与国家对外经济战略的关系。第二，中国高校本科毕业生就业岗位下移已成定势。社会需求导向所反映出的就业率，一直是国家非常重视的指标。中国的中小企业都在拓展涉外业务，急需能直接从事"国际营销、国际金融、国际贸易、国际物流、国际项目管理"的复合型商务英语人才。商务英语专业能满足中小企业的用人需求。设立和发展商务英语专业是传统英语专业实现转型升级、地方高校培养应用型人才的必然选择。

第三节 "新时代""新文科"背景下的商务英语专业建设

　　为了应对世界范围的科技进步对高等教育的新要求，国家层面科学应变，及时实施高等教育质量保障新文化建设工程。2017年9月，中共中央、国务院颁布《关于开展质量提升行动的指导意见》。2018年开启了中国本科教育新时代：1月，《普通高等学校本科专业类教学质量国家标准》颁布，6月召开新时代全国高等学校本科教育工作会议，推出了高等教育人才培养的中国方案，即《新时代高教四十条》，11月启动"六卓越一拔尖"计划，全面推进新工科、新医科、新农科、新文科建设，掀起了"质量革命"。2019年是本科教育落实年：启动一流专业"双万计划"。2020年启动一流课程"双万"计划，同年4月颁布了《普通高等学校本科外国语言文学类专业教学指南》。

　　在此背景下，商务英语专业科学应变，大胆实践，取得了一定成果。自20世纪90年代中期，一批有思想有远见的英语专业教师对举办商务英语专业教育的必要性、重要性和可行性进行了深入研究；2007年教育部批准试办商务英语本科专业；2012年商务英语进入本科专业基本目录；2020年颁布商务英语《教学指南》。截至2019年，全国已有400多个专业建设点，外教社、外研社、高教社等出版了系统的商务英语系列教材，初步建立了一定数量的国家级（7个）及省级一流专业建设点和国家级及省级一流课程，配套有全国商务英语专业四、八级考试，举办有全国商务英语实践大赛和全国商务英语实践技能大赛，同时还吸引了一大批智能课程教学解决方案提供商，如亿学集团等。

　　应用型本科院校商务英语专业如何应变？作为复合型、应用型专业，商务英语专业建设应遵循英语为本、商务为纲、知行合一、个性差异等原则，需贯彻落实"学生中心、产出导向、持续改进"的教育理念。在强调扎实的语言基本功的同时，通过全英或双语传授商务类课程，努力将知识、能力、素质与实践相统一，构建较为完备的实践教学体系，并根据各自学校的定位与优势及区域经济发展等情况，制订出符合自己学校情况、体现区域发展特色的人才培养方案。应用型本科院校要想成功应对，尤其是转到培养应用型人才上来，必须要做到"定其型、安其位、循其道、谋其事"，即应用型人才培养目标的定位、为地方经济建设服务的服务面向定位、以本科教育为主的办学层次定位，然后遵循高等教育规律，采取产学研一体化、产教融合、校企合作、开放办学的策略。这种转型发展思路以及商务英语专业建设的指导思想都与成果导向教育理念不谋而合，从宏观的人才培养方案制订到微观的课程设计，成果导向教育理念都为应用型人才培养提供了理论基础。所以，应以商务英语应用型人才培养为切入点，基于成果导向教育理论和思想，采用反向设计、正向实施的方法，探索商务英语人才培养的途径，从而更好地为地方经济发展服务。

第四节　成果导向教育（OBE）理念及其应用

一、OBE 的兴起及核心概念

教育事业的完善需要人们对教育的功能和结构进行持续不断的重新思考和审视。传统教育是一种基于"投入和产出成正比"假设而强调"投入"的教育，重视教育过程中对实验设备、图书、经费等的投入。随后发展为课程导向的教育（Curriculum-based Education），强调教学、质量、师资等要素，即关注教什么（教学内容）、怎么教（教学方法）、教得怎样（教学效果）。教育活动结束后，强调的是考试、评价和优劣等级评定，学生是否真的"学有所获"反而被忽视了。随着时代的发展，教育改革的重点从重视教育投入、课程导向逐渐转变为重视学生的学习成果，"成果导向教育"（Outcome-based Education，OBE）应运而生。

1981 年，美国学者斯派蒂在其《成果导向教学管理：以社会学的视角》一文中首次提出"成果导向教育"这一概念。自斯派蒂之后，斯洛克、布兰迪等多位教育学家也对成果导向教育进行了长期的研究，并出版了一系列有关成果导向的教育专著。成果导向教育促使教改从重视资源投入转变为重视学生的学习成果，并要求学校、教师为学生的学习成果负起全责；课程发展要基于"产出"的核心思想，聚焦于学生"学到了什么"，而不是学校、教师"教了什么"；课程设计回归学生毕业后能"带走"的实际能力，而不是具体的课程要求，重视培养学生适应未来、适应社会的综合能力。

首先要清晰地确定学生需要做到什么，然后组织课程、教学和评核，以确保所期望的学习最终能够发生。教学环节的各个要素，如目标、内容、条件、师资、评价等都要围绕学生设计，真正做到"以学生为中心"，如图 2-4-1 所示。

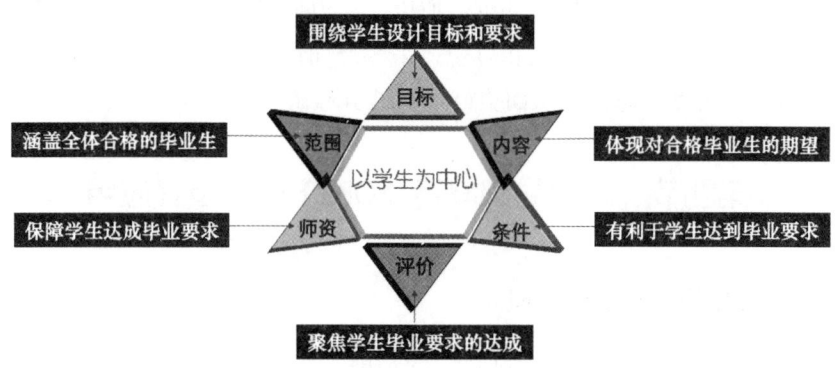

图 2-4-1 成果导向的教育理念

什么是成果？成果是我们希望学生在重要的学习经历结束时展示的清晰的学习成果；它们不是价值观、信念、态度或心理状态；相反，成果是学习者用他们所知道的和已经学到的去做事的能力，是对已学知识的具体应用；这意味着这些成果是行为和表现，体现并反映为学习者成功运用内容、信息、思想和工具的能力。因为成果涉及实际的行动，在定义成果时，教育者必须使用可观察的行为动词，比如描述、解释、设计或制作，而不是模糊或隐藏的非演示过程，如知道、理解、相信和思考。

成果导向教育的基本原理是"所有学习者均可成功"，其基本假设是所有学生都是有才干的，每个学生都是卓越的，学生学习是相互合作而非相互竞争，以及学校是为学生找到成功方法的机构。斯派蒂提出成果导向教育金字塔（如图 2-4-2），即一个执行范例、两个关键目的、三个关键前提、四个执行原则、五个通用领域实践。

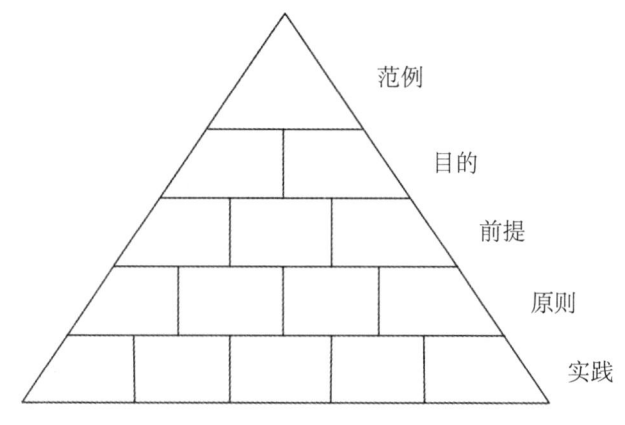

图 2-4-2 成果导向教育金字塔

一个执行范例是提出愿景（或范例）即反向愿景（或范例）的做事方法，其内涵在于期待所有学生成为真正且成功的学习者。二个关键目的：①构建成果蓝图，并勾勒出哪些是必备的能力与内容，即确认所有学生在毕业前所应具备的知识、能力及品质；②营造成功的情景与机会，提供一个让所有学生能够达成预期成果的条件与机会。成果导向教育的三个关键前提：①所有学生均能学习并获得成功，但不一定同时使用相同的方法；②成功是成功之母，即成功学习促进更成功的学习；③学校掌控成功的条件，即学校的各项作为将直接影响学生的学习。

成果导向教育的四个执行原则如下。①清楚聚焦：课程设计与教学要清楚地聚焦在学生完成学习过程后能达成的最终学习成果上，并让学生将他们的学习目标聚焦于这些学习成果上。②扩大机会：要充分考虑每个学生的个体差异，在时间和资源上保障每个学生都有达成学习成果的机会。③提高期待：教师应提高对学生学习的期待，制订具有挑战性的执行标准，以鼓励学生深度学习，促进更成功的学习。④反向设计：以最终目标（最终学习成果）为起点，反向进行课程设计，开展教学活动。

成果导向教育的五个通用领域实践如下。①定义成果。实施成果导向教育必须清楚明确地定义成果，包括关键成果、具体成果、评价标准及表现指标。②课程设计。将课程架构、教学授课、测验及证书等内容予以整合，重视与生活情境结合的跨科目领域及跨年级的课程。③教学授课。注重产出与能力，并鼓励批判思考、沟通、推理、评论、回馈及行动。④评价结果。实施多元评价，评价结果强调取得最高成就的标准，而非强调学生间的成果比较。⑤决定进阶。强调所有师生均应拥有学习及教学的机会。

成果导向教育的课程设计有两个黄金规则。黄金规则一：反向设计的意思是从期望学生达到的"最终"学习成果开始，向后确立"支持"学习成果以及设计课程和教学。黄金规则二：如果课程内容对于达到"最终"学习成果或"支持"学习成果很重要，它必须保留在课程中。但是如果一些课程内容与学习成果只有轻微关联，则可能需要删除它们。

成果导向教育理念及课程发展理论一直备受关注，影响了美国、日本等地的课程改革，被公认为"追求卓越教育的一个正确的方向和值得借鉴的教育改革理念"。学习成果评价被公认为最有效、具体的教学绩效评价方案。2000年，美国工程技术评审委员会（ABET）率先采用"成果导向"认证规范"Engineering Criteria 2000"（EC2000）对美国工程教育进行改革。近年来，ABET带动英国、澳大利亚、加拿大、新西兰、南非、日本、爱尔兰等会员国纷纷调整认证规范，

2004年至2005年发布了《华盛顿协定毕业生核心能力》，以明确界定会员国间毕业生所应具备的核心能力。2013年，我国被接纳为《华盛顿协议》签约成员，用成果导向教育理念引导工程教育改革乃至整个高校教育改革，具有现实意义。

二、OBE的课程发展模式

时至今日，成果导向教育历经多年发展逐渐趋于成熟。不同学科、高校、组织基于成果导向教育理论，开发出了各具特色的课程发展模式，如EC2000双循环模式、台湾中原大学的能力地图、台湾逢甲大学的双循环课程规划与管理机制及在此基础上发展而来的成果导向课程发展图。限于篇幅，仅对有代表性的EC2000双循环模式和中原大学的能力地图做简单介绍。

EC2000的核心是利用评估产出和教育目标以及课程发展的结果对课程进行持续改进。在课程目标中详细描述了毕业生应该具备的知识和技能，强调"学习产出"，对学生未来的成就进行预测，而涉及课程内容的规定明显减少。通过内循环和外循环构建课程质量认证体系。内循环的目的在于维护专业学科的教学效果，并确保学生在毕业时具备这些能力。根据学科（专业）培养目标制订课程目标和学习成果，并以此进行课程设计和评估，根据学生学习成果评价修订目标，再次进入内循环。外循环的目的在于确保课程目标的适切性，并保证学生在毕业时达到此标准。这需要借助和汇集外部顾客意见，评定学校所制订的课程目标是否适当，以及毕业生是否已经具备目标所定义的能力。EC2000是一种"顾客定位"的标准，考察的是与委托人（指学生、家长、工业界等）需要相关的绩效目标。EC2000最重视的就是外部顾客的建议与评定，确保其目标改进维持在一个可持续的闭回循环机制中，如图2-4-3所示。

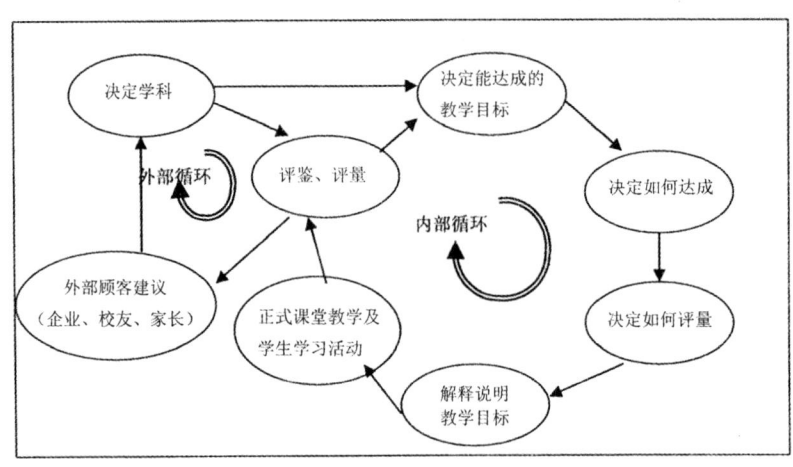

图2-4-3　EC2000双循环模式

台湾中原大学秉承"信、望、爱"的教育宗旨，在全人教育理想的导引下，逐层确立校、院、系的学生能力指标，并透过学校—院系—能力—课程的连接体制，带动对课程本质与意义的重新思考，提高课程间相互链接的点、线、面效能，建立课程地图、开课地图、选课地图、能力地图及职业生涯地图（如图2-4-4），具体步骤如下。

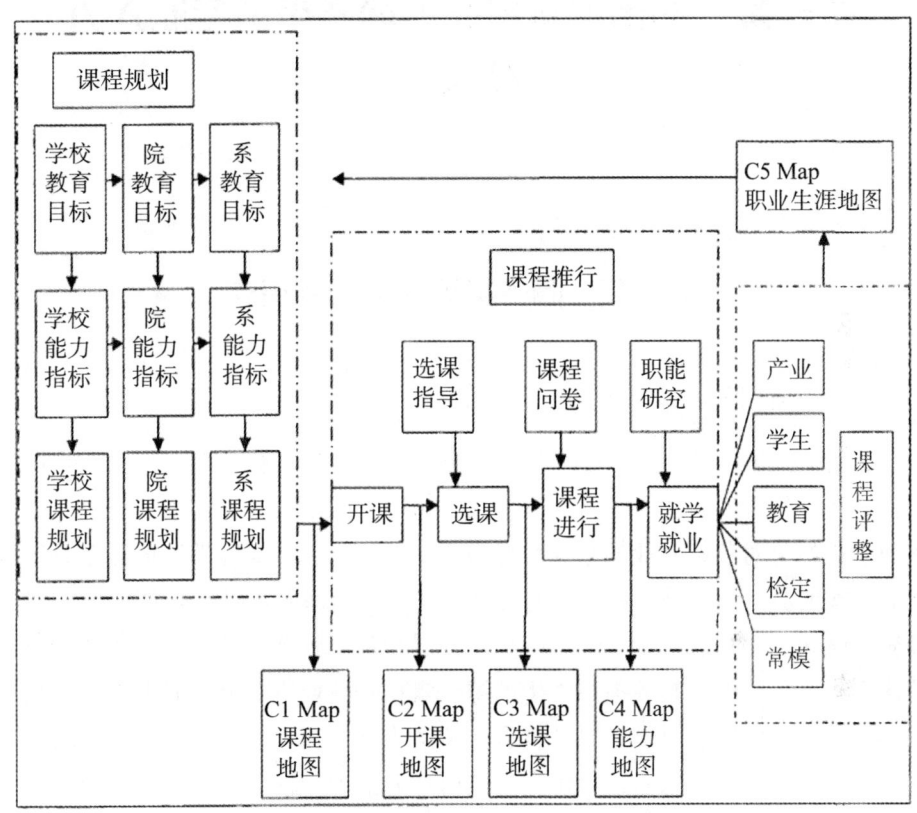

图 2-4-4 能力地图 C-Map 运行机制

第一步：寻求"课程地图"指引，预先规划能力的养成。院系规划课程地图供学生修习参考，让学生能够清楚掌握学习的方向。第二步：透过"开课地图"达到完善课程结构的目的。教学单位可根据核心能力检讨所有课程内容，适时检讨与调整能力指标。第三步：经由"选课地图"让学生掌握自己的学习状况。第四步：借由"能力地图"提升学生的职场竞争力。企业可通过"能力地图"了解求职者的能力状况。第五步："职业生涯地图"可为企业提供用人参考。可与企业人才需求之指标做比对，以造出适合企业的人才。

第三章 应用型本科院校商务英语专业人才培养思路

第一节 商务英语人才培养模式

一、专业设置

20世纪80年代,部分外语类院校开启了复合型人才培养的尝试。到了90年代,培养复合型人才的呼声日益高涨。2000年制定的《高等学校英语专业英语教学大纲》对英语专业的培养目标做出明确规定:"高等学校英语专业培养具有扎实的英语语言基础和广博的文化知识并能熟练地运用英语在外事、教育、经贸、文化、科技、军事等部门从事翻译、教学、管理、研究等工作的复合型英语人才。"目的就是要提高学生的综合素质和就业竞争力。但由于近十几年来英语专业过度膨胀,加之对"复合型英语人才"理解的片面性,暴露出了很多问题,例如,由于忽略了全国高校英语专业的差异性,相当多高校的英语专业学生无法通过辅修、副修或第二学位的方式完成相关专业课程的学习,而高校本身的师资条件有限,结果是既削弱了相关专业的学科性,也牺牲了英语专业的学科性,两败俱伤;由于过分强调英语"工具性"技能训练,学生思辨能力缺失,与社会对高端英语专业人才的需求不相适应。外语界对此进行了激烈的讨论,普遍认为,英语专业(英语语言文学)应回归其人文学科本位,不能过分强调英语"工具性"技能训练,而应加强思辨能力和人文素质的培养。另外,人才培养模式要多元化:层次多元,目标多元,从"校本位"出发,根据各自学校的办学特色、师资力量,以及区域性经济发展需要,制定人才培养方案,培养英语应用型人才,以适应社会多元化需求。

在所有的复合型英语人才培养模式中，"英语＋商务"的人才培养模式的历史最悠久，而且取得了良好效果。相比于传统的英语专业人才培养在教育理念上偏重专业的学术性，商务英语专业或方向的毕业生竞争优势明显。但是，受限于英语语言文学专业的学科属性，商务英语以前一直作为英语专业的分支方向存在。但是随着学科自身的不断发展，其独特的研究对象和丰富的研究内容需要更加专门、深入、系统的研究。为消除专业区分模糊不清的弊端，主动适应中国经济国际化对高层次外语人才的需求，将商务英语从英语专业中独立出来，设立商务英语本科专业就成了必然。商务英语专业2007年经教育部批准设立（目录外专业），对外经贸大学为全国唯一一所经教育部批准开设此专业的大学。2008年广东外语外贸大学和上海对外贸易大学成功设立商务英语本科专业。随后几年，商务英语本科专业大致以每年翻一番的速度在发展壮大（2009年4所高校；2010年8所；2011年17所；2012年30所；2013年83所），截至2019年7月，全国共有393所高校开设了商务英语专业。2012年9月，教育部正式下发《普通高等学校本科专业目录（2012年）》，批准商务英语本科专业为目录内专业，专业代码050262。从2012年起，各高校报省教育厅批准、经教育部备案后可自设商务英语专业。在研究生层次，国内部分高校从20世纪80年代初开始招收商务英语方向硕士生，已培养出近万名研究生，近年来成为热门专业，每年报考人数过千人。2012年起，商务英语的博士点开始试点招生，商务英语已形成了从专科、本科、到硕士、博士较为完整的人才培养体系。

根据《普通高等学校本科专业目录（2012）》，在文学学科门类下设3个专业类，共76个专业，其中涉及英语的专业为外国语言文学专业类下的英语、翻译和商务英语三个专业，统称为英语类专业。作为复合型、应用型专业，商务英语专业是商务和英语结合的复合型专业，其基本定位是外国语言文学专业类下的英语类专业。《普通高等学校本科专业类教学质量国家标准（2019）》（以下简称《国标》）及《商务英语专业本科教学指南（2020）》（以下简称《指南》）给出的定义如下：商务英语专业（Business English Program，BEP）是由教育部批准开设的英语类本科专业（English Majors）之一，是英语与商务复合的人才培养模式。

二、培养目标与培养规格

参照国内外专业认证标准，专业培养目标是对毕业生在毕业后5年左右能够达到的职业和专业成就的总体描述。培养目标定位要符合高校办学宗旨，满足社会需求，服务于国家和区域发展战略，体现一定的前瞻性和引领性。培养目标的确立还要依据《国标》和《指南》。《国标》由教育部发布，适用于所有外语类本科专业，是一份国家级的标准。《指南》是依据《国标》精神编写的内容更为详尽、操作性更强的实施方案。《国标》是方向和统领，《指南》是方法和实操。《指南》对商务英语专业复合型人才培养目标的描述："培养具有扎实的英语语言基本功和相关商务专业知识，拥有良好的人文素养、中国情怀与国际视野，熟悉文学、经济学、管理学和法学等相关理论知识，掌握国际商务的基础理论与实务，具备较强的跨文化能力、商务沟通能力与创新创业能力，能适应国家与地方经济社会发展、对外交流与合作需要，能熟练使用英语从事国际商务、国际贸易、国际会计、国际金融、跨境电子商务等涉外领域工作的国际化复合型人才。"除《国标》要求应具备的素质、知识和能力之外，《指南》还提出了要培养六种商务素质（合作精神、创新精神、学科基本素养、良好的职业精神、商业伦理意识、社会责任感）、三类商务知识（学科知识、商务知识、实务知识）和三类商务能力（语言能力、学习能力、商务能力）。

　　比较英语类三大专业的人才培养目标、专业知识要求、专业能力要求等方面，不难看出国际商务知识与技能、管理学和法学理论知识、国际商务通行规则与惯例、跨文化商务交际能力是商务英语专业人才区别于英语专业和翻译专业人才的知识和能力要求。同时不同于英语专业和翻译专业，商务英语专业的人才目标更加明确了人才培养类型：应用型而非研究型人才；与国际经济与贸易专业相比，商务英语的优势是语言应用能力和跨文化沟通能力。据此，刘法公提出国际商务领域中的跨文化交际能力，即建立在国际商务基本知识的基础上，通过英语"听、说、读、写、译"等手段，开展商务英语领域专业工作的交际能力，是商务英语专业要培养的核心能力。

　　培养规格或毕业要求包括知识、能力和素养，是对学生毕业时应该掌握和具备的知识、能力和素养的具体描述。《指南》从素质要求、知识要求、能力要求三个层面描述了培养规格。

　　①素质要求。学生需要具有正确的世界观、人生观、价值观，良好的道德品质，中国情怀与国际视野，人文与科学素养，合作精神，创新精神，创业意识和学科基本素养；具备良好的职业精神、商业伦理意识和社会责任感。

　　②知识要求。学生需要熟练掌握英语语言、文学、翻译、英语国家社会文化、跨文化研究等基本理论和基础知识；掌握商务活动的基本工作内容和运行机制；

熟悉商务组织治理结构、战略规划、运营管理等方面的基本理论和基础知识；了解经济学、管理学、法学等相关学科基础知识；了解我国对外经贸政策法规、国际商务领域的规则和惯例，以及国际商务活动中的相关环境因素。

③能力要求。学生需要具有良好的商务英语运用能力和跨文化商务沟通能力；具有良好的思辨能力、量化思维能力、数字化信息素养；具备基本的商务分析、决策和实践能力；具有良好的团队合作能力，较强的领导、管理、协调和沟通能力；具有终身学习能力；具有良好的汉语表达能力和一定的第二外语运用能力。

三、个案研究

（一）广东外语外贸大学商务英语专业建设与实践

1. 专业概况

广东外语外贸大学（以下简称"广外"）是1995年原广州外国语学院和原广州对外贸易学院合并组建的广东省国际化特色鲜明的重点大学。早在1989年，原广州外国语学院就开办了专门用途英语（国际贸易方向）专业，原广州对外贸易学院也于成立之初开设了"英语+商科"的复合型专业。两校的合并，整合了两校在外语和外贸两大学科领域的优质资源，为培养复合型人才奠定了坚实雄厚的基础。2001年，广外成立国际商务英语学院（以下简称"商英学院"），整合了所有"英语+商务"方向的专业，形成了目前学院商务英语专业的四个特色方向：国际商务管理、国际贸易、国际金融和国际经济法。学院以建设国际化特色鲜明的高水平学院为愿景，以"自强不息、追求卓越"为院训，以致力于培养具有国际视野，能够直接参与国际合作与竞争并具有高度社会责任感的高素质国际商务人才为使命，形成了以"复合培养、学科交叉、实践创新、国际认证"为特色的人才培养模式。

2. 人才培养思路

为解决商务英语专业在国际化商务人才培养方面存在的三个主要教学问题，即外语教学与专业教学"两张皮"的问题、理论教学与实践教学脱节的问题、本土教育与境外教育难以深度融合的问题，广外商英学院在本科教学方面实现了三个"深度融合"：英语教育与商科教育的深度融合、理论教学与实践教学的深度融合、本土教育与境外教育的深度融合。

（1）"沉浸式"教学理念下英语教育与商科教育的深度融合

推行全英教学，促进英语教学与商科教学的深度融合，英语教学在夯实学生英语基本功的同时，注重商务理念和基础商务知识的学习；商科教学基本实现全英教学，在"沉浸式"商务知识与技能学习中巩固和提升学生的英语运用水平。目前，学院商科类课程中，基本实现全英教学。全英教学充分体现了商科教学与英语教学的深度融合，不仅使用专业的英文版教材，而且授课、课堂讨论、作业、考试和论文写作等环节均使用英语，"沉浸式"的教学环境，使学生在掌握扎实专业知识的同时，也具备了较强的英语综合运用能力。

（2）以能力为导向的人才培养方案促进理论教学与实践教学的深度融合

人才培养方案设计的总体理念：实施跨学科的国际化复合型人才培养模式（商务英语＋国际商务）改革；培养方案与培养过程突出英语运用能力、商务实践能力、跨文化商务交流能力、思辨与创新能力、自主学习能力等五种能力的培养；突出全英教学在培养学生英语运用能力和实现专业教学与国际接轨等方面的作用；推行"课程内容国际化＋强化英语语言能力＋加强国际交流"的"三位一体"的国际化视野模式和"校内实验＋企业实践"的多样化实战型人才培养模式；坚持以课外创新创业实践、专业实践和学生团体活动为教学拓展，通过生动、逼真的企业实践活动形式，检验学生所学知识的深度和广度，提高学生的兴趣，并提高学生解决实际问题的能力，通过指导学生申报各级创新创业项目，将创新创业思维的培养贯穿复合型人才培养的全过程；注重培养学生的自主学习能力，结合多媒体和网络技术为学生搭建多模态学习平台，开设以课程为单位的网络课堂和微课。

在具体实践中，我们把知识传授与能力培养融为一体，构建了包括课内实践、综合实践、专业实习、论文设计、创新活动以及社会实践在内的一体化实践教学体系，以培养学生的实践能力和创新创业能力。

① 改革教学管理机制。专设实践教学部，推动实习实践基地建设；组织学生申报省级、国家级创新创业及创业训练项目；组织教师指导学生申报项目，淬炼学生的创新创业思维和实践能力。

② 加强政校企合作。实施多层次、分类型的实践教学改革，培养师生的实践创新能力。通过以下措施促进理论与实践教学的深度融合：校企共建实习实践基地，淬炼学生的实践能力，建成了国家级实习基地——中国对外贸易中心（广交会）和法律英语省级实习基地等十几个稳定的校外基地；共建创新创业基地，聘任业界导师，培养学生的创新创业能力，例如，与校友企业广东盈浩

工艺制品有限公司共建大学生创新创业基地，设立创业基金；举办校友职业论坛，引领学生走上创业道路；通过移动课堂和聘请企业高管担任任课教师等方式，促进理论与实践的融合；通过校政企合作，开展横向课题研究，提升教师的教学和研究能力，促使科研成果转化成生产力。

（3）以本土国际化教育为目标推进本土教育与境外教育的深度融合

以"国家标准"和"国际标准"的"双标"建设为抓手，促进本土教育和境外教育的深度融合。借助颁布的本科专业教学国家标准以及 CIMA 等国际行业协会标准，推动教学改革，优化人才培养模式；以教师国际化促进本科教学的内涵发展；升级人才培养方案，构建国际化课程体系；采用国际化教学方法，实施本土国际化教育；建设全英商务课程教材体系，促进本土和国际化知识体系的融合；多层次开发国（境）外合作项目，以学生国际化开拓本科教学视野。

（二）郑州商学院商务英语专业建设与实践

1. 专业概况

郑州商学院（郑州成功财经学院）商务英语本科专业 2012 年获批（全国第七批，河南省第二批），2013 年 9 月正式开始招生，是河南省乃至全国较早设置商务英语本科专业的民办院校。自 2013 年以来，商务英语专业每个年级的在校生规模逐步增长，成为外国语学院第一大专业，目前在校生达 831 人。商务英语专业共有专兼任教师 24 名，其中，拥有高级职称的共 9 人，拥有中级职称的共 9 人，具有在英国、美国、澳大利亚长期留学经历的教师 7 人，其中 4 人学历背景为管理学硕士。2013 年 11 月，商务英语专业被学校评为校级特色专业，2018 年 6 月，商务英语专业获批河南省品牌专业建设点。

2. 人才培养思路

学院紧跟国家和区域经济发展战略，立足学校办学定位，坚持"面向地方、突出应用、质量提升"的发展思路，深入推进产学协同育人，完善应用型人才培养体系，培养地方外向型经济发展需要的高素质商务外语人才。学校办学定位：扎根巩义、立足郑州、面向全国，服务地方经济社会发展，建设高水平有特色的商科类应用型大学。商务英语专业定位：以培养高素质的国际商务人才为目标，坚持"面向地方、突出应用、质量提升、特色发展"的学科专业定位，深化校企合作和实践教学，构建应用型专业课程体系。

商务英语专业人才培养思路：对接"一带一路"倡议下河南省三区一群战略发展需求，秉承"厚基础、强听说、懂经贸、重实践"的培养理念，聚焦学生语言交际能力、商务实践能力、自主学习能力和创新精神的培养，满足经济社会发展对高素质应用型商务外语人才的需求。

3. 教学体系

对应商务英语专业人才核心能力的培养，合理设置课程体系（如图3-1-1）。

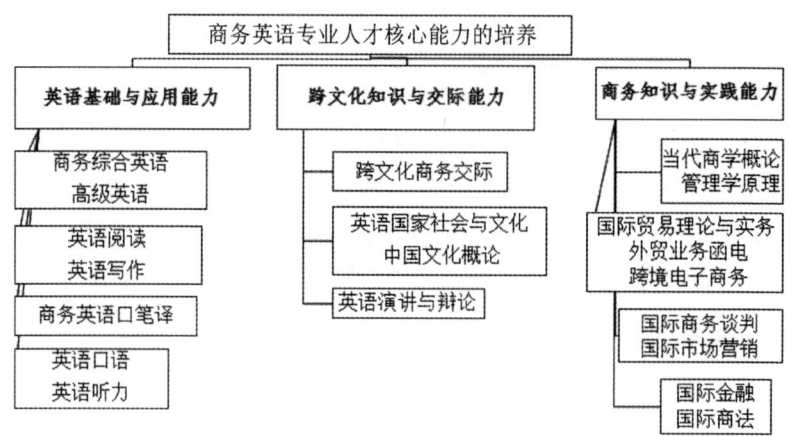

图 3-1-1　商务英语专业核心课程体系

学院坚持"引建结合、分类建设、重在应用"的课程建设思路，鼓励教师依托优质在线慕课资源开展混合式教学探索，持续打造"高阶性、创新性和挑战度"的应用型课程，建成了一批具有校本特色的课程。

商务外语实验中心始建于2009年6月，该中心拥有国际商务谈判、同声传译、多元文化交流厅等8间实训室、3间文化主题教室、12间翻转课堂教室、1间智慧教室、18间语音教室，能同时满足1934名学生专业实训和实践的需求。该中心倡导在"做中学"的理念，着力培养学生的语言交际能力、商务实践能力和创新创业能力，构建"五位一体"的课堂内外、校内校外结合的育人体系，全方位服务应用型商务外语人才的培养目标。学院依托商务外语实验中心，构建了较为完备的实践教学体系（如图3-1-2）。

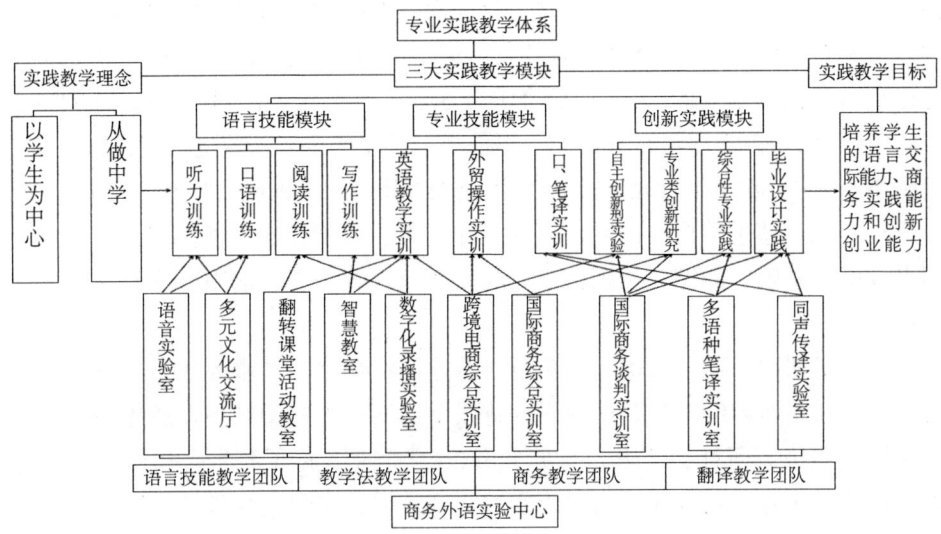

图 3-1-2　商务英语专业实践教学体系

实践教学理念：对接区域经济发展需求，抢抓"一带一路"建设中跨境电子商务的发展机遇；坚持"外语+商科"的发展理念，以学生专业能力培养为核心；重点培养学生的语言交际能力、商务实践能力和创新精神；多平台、阶梯式、全方位促进学生发展。

实践教学特色如下。①多模态语言任务教学。突破"重语言输入、轻语言输出"的传统，实施"情景创设—主题探究—语言输出"多模态的任务教学活动，培养学生的语言交际能力，营造良好的语言学习环境。②多维交互教学模式。依托交互式课程主题资源，采用"课堂导学—网络自主—项目驱动—实践促学"的多维交互模式，运用数据改善教学决策，实现个性化指导、科学化评价、精细化管理。③体系化的实践教学结构。以培养服务应用型人才为目标，坚持"分级、分任务、分类型、分难度、分项目"的原则，建立了完善的专业实践教学体系。

4. 产教融合

①扎根巩义。充分挖掘学校所在地——巩义市的行业、企业资源，坚持"面向地方、突出应用、质量提升、特色发展"的专业定位，深化校企合作。巩义市目前注册的企业有 4000 家左右，实际存活有业务的大概有 1000 家。主流是机械行业，占比 80%（蓝天、百信等）。典型行业有回郭镇的电缆和铝板行业（人民电缆、明泰铝业）；西村的管道行业（华源管道）；英峪的实验仪

器行业（长城科、予华仪器）；北山口、南河渡的耐材行业（华西耐材）。郑州海关发布2018年1—10月份对外贸易进出口数据，巩义市前10个月货物贸易进出口总值达378068万元（折合美金58003万美元），同比增长32.02%，占省定目标364595万元的103.7%，提前2个月完成全年外贸进出口目标任务；其中出口完成363971万元（折合美金55842万美元），同比增长36.27%。全市进出口总量超平顶山、鹤壁、商丘、驻马店、信阳等5个省辖市，出口总量超平顶山、安阳、鹤壁、濮阳、三门峡、商丘、驻马店、信阳、济源等9个省辖市。

②立足郑州，面向河南。商务英语专业的特色之一是服务地方经济建设的发展。在郑州航港综合试验区建设的背景下，河南外向型经济发展势头迅猛，学院通过积极调研社会需求，与巩义市20家企业签订了校企合作协议，为地方经济建设输送适需人才。为保障实习实训效果，实习指导教师定期到企业调研学生的实习情况，及时沟通问题，反馈到教学中进行改革。由于实习工作和质量得到了保障，2018届毕业生论文的实践性选题得到了有效保障，学生就业能力提升，应用型人才培养初见成效。

③创建跨境电商行业学院。为提升学校服务地方经济建设的能力，深入推进产学协同育人，促进巩义跨境电商行业的发展，外国语学院特倡议与巩义市跨境电商龙头企业合作成立"跨境电商行业学院"，力争打造集"人才培养、协同创新、创业孵化、咨政服务"为一体的产学研合作平台。跨境电商行业学院整合地方和高校的优质资源，以行业岗位能力为导向进行跨境电商专门人才的培养，有助于缩减跨境电商人才培养的"时间差"，满足巩义外贸行业对于高素质应用型跨境电商人才的需求。跨境电商学院的成立，搭建了跨境电商行业人才培养更专业的平台，为巩义跨境电子商务发展提供了强有力的人才支撑，为巩义的对外贸易的蓬勃发展奠定了良好基础。外国语学院依托跨境电商行业学院，定期开展相关的企业家讲堂、课程共建、跨境电商师资培训等活动，从而深化产教融合，推进产学研协同育人。

④举办商务英语创新创业实践大赛。该比赛是郑州商学院外国语学院倾力打造的专业赛事。大赛坚持"理论与实践"和"语言与行业"相结合的原则，以院地合作企业为对象，引导学生深入企业调研，梳理和总结企业经营、管理的经验，研究企业、行业发展中的问题，提出可行的、创新型解决方案；或由老师带队考察市场做创新创业项目等，以此锻炼提高学生的商务实践能力，使其养成敏锐的观察力和迅速准确的行动力，助力学生成长为高素质的应用型国际商务人才。目前该比赛已成功举办两届，初步实现了以赛促学、以赛促用、

以赛促创、以赛促教、以赛养赛的可持续发展模式。

跨境电商行业学院的建立及商务英语创新创业实践大赛的成功举办，体现了郑州商学院商务英语专业"扎根巩义、立足郑州、服务河南"的服务面向定位，是学校深入推进校地合作的新尝试，开启了产教融合、协同育人的新篇章，也为巩义跨境电商行业和对外贸易的发展增添了新的动力。

5. 师资队伍建设

以专业带头人为引领，以骨干教师为重点培养对象，以学术交流、名校观摩助力青年教师发展，打造优秀教学团队，以举办教法研修班和教师技能竞赛为载体，推进新理念、新方法和新技能的应用，不断提升教师的教学能力和水平，提高教育教学质量。

第二节　商务英语教学创新模式研究

一、SPOC 模式及其商务英语教学

通晓商务知识、善于跨文化交际及熟悉国际商务环境的人才必须熟练掌握商务英语。由于商务英语教学涉及的内容较多，要想提升教学质量，就必须找出更有效的教学方式。在 MOOC 颠覆传统教学的形势下，开辟了 SPOC（小规模限制性在线课程）教学模式，该种教学模式更有效地解决了 MOOC 模式与传统教学模式的问题，实现了与商务英语教学的高度融合。

（一）SPOC 模式的发展及特点

基于对国内外教学模式的分析，可以发现，在 MOOC 模式掀起线上教学狂潮后，该种教学模式也暴露出了相应的问题，此后提出了多种在线教育新样式，其中 SPOC 就是一种，即小规模限制性在线课程，于 2013 年被提出，国内外多所高校都以 SPOC 为支持进行了教学实验，同时取得了较为理想的教学效果。设置申请学员准入条件、申请人数，使得 SPOC 更加精致。学生可以利用 SPOC 进行课前自学，此时学生可以利用课前时间学习基础知识点，从而为课堂教学留出更多答疑解惑的时间，让学生对知识点理解得更加深入。SPOC 模式在借助网络技术优势的同时，也为教师收集作业与进行作业评分提供了有力支持，让教师能够有效利用作业修改时间来进行其他教学研究工作。总而言之，在不断发展的背景下，SPOC 成了一种个性化的教学新形式。

SPOC 具有以下几方面特点：一是"Small"的特点，与 MOOC 相比，

SPOC更加注重学生以及教师对精准化知识的诉求，因而其不仅在规模上更小，通常SPOC每次的教育对象不会超出500人，而且其在内容上更小，该方面小主要是指每一个线上视频都较为精致、精准；二是"Private"的特点，其私密性主要体现在线上线下的针对性指导上，通过分析学生个人数据，进而实现因材施教；三是"Online"与"Open"的特点，其在拥有私密性特点的基础上，同时也具有开放性，但是该开放性具有一定的相对性，主要针对拥有一定知识储备，且愿意学习相关知识的人员，对于尚未达到申请标准的人，无法接受线上以及线下的辅导，但是可以采取旁听形式来学习。正是因为SPOC具有上述特点，其教学效果与教学质量才明显高于MOOC模式。

（二）商务英语与SPOC模式融合的优势

从商务英语教学特点上看，其更强调教学工具的使用与教学的人文性，商务英语具有较为深厚的文化底蕴，学生在学习过程中往往存在着一定的疑惑，若学生不了解、不理解英语文化，这会导致学生长期陷于商务英语学习的困境之中，而实现商务英语与SPOC的融合，则可以让学生借助线上线下的方式来获取更多英语文化知识，促使学生在拥有深厚文化底蕴的基础上，掌握外国文化，进而为商务英语学习打下坚实基础。

有助于提高教学互动性，语言类学科本身具有交际性特点且商务英语交际性更强，要想让学生能够透彻掌握商务英语知识，教师就需要让学生使用商务英语进行沟通与互动，使用SPOC模式，既会实现师生之间的交流，同时也会实现生生之间的交流，进而增加学生利用商务英语进行交流的机会，在模拟真实场景后，真正提高学生的交际能力。

促使商务英语教学模式与教学方法更加多样化，在一定程度上使得学生对商务英语课堂教学更感兴趣，进而让学生愿意主动学习商务英语知识，加强学生与教师之间的配合，使商务英语教学效果更加理想，为学生日后发展打下坚实的基础。例如，教师可以以"我赞成"这个为主题，让学生用多种英语表达方式表示出"我赞成"这个意思，从而调动学生对商务英语的学习兴趣。

（三）SPOC与商务英语教学的融合性研究

1. 课前引导学生借助SPOC进行线上自主学习

利用SPOC设计与发放教学资源。在利用SPOC进行商务英语教学时，第一步需要为学生提供线上自主学习资源，只有让学生利用课前时间进行有效自主学习，才能够使得学生对商务英语知识有更为深入的了解，学生也才能在主动探究过程中，扎实与深入地记忆商务英语知识。基于对 SPOC 模式以及商务英语教学内容的分析，建议在设计线上自主学习资源时需要包含导学案、小视频以及课前小测验几方面内容，借助导学案，学生能够确定自己在课前预习过程中需要达到的学习目标、应该掌握的知识点，以及必须完成的教学任务，在导学案学习任务、实习指南以及教学目的的引导下，促使学生找到预习思路以及学习重点，进而使得学生能够更为透彻地分析本节课教学内容。小视频是 SPOC 线上教学环节中最为核心的部分，其主要是指教师通过录像的方式来细致讲解本节课中一个或者某几个知识点，通过控制与缩短视频时间，让视频内容更加精准与精细，进而让学生可以利用商务英语教材以及教师所呈现的视频，掌握本节课内容。为了给线下课内教学提供有效支持，商务英语教师还需要通过进行课前小测验的方式了解学生自主学习的效果。通过将以上设计好的课件教学资源整合并发放给学生，让学生能够借助 SPOC 模式进行线上自主学习。例如，可以针对某个话题让学生展开深入的在线视频讲说。

尊重学生主体，引导学生主动学习。学生的学习主动性不仅会影响其课件学习效果，同时也会影响学生对商务知识的理解程度，为此在促使学生进行课前线上自主学习时，商务英语教师就需要在尊重学生主体地位的基础上，引导学生使用多种形式，利用 SPOC 平台进行学习。

一方面，商务英语教师需要让学生获取相关互联网工具，像手机、平板以及电脑等，有条件的学生，他们既可以选择在学校内使用联网工具访问 SPOC 平台，也可以选择在家中进行自主学习。针对尚未拥有联网工具的学生，商务英语教师则需要在与学校进行沟通的基础上，让其使用校内电脑访问 SPOC 平台。另一方面，商务英语教师也需要为学生讲授规范的教学流程，通过让学生先阅读自己所发放的导学案，促使学生了解自己在本节课学习中需要解决哪些问题，完成哪些任务，进而让学生能够确定出更为清晰的学习思路。随后，引导学生进行自主学习时，则应通过让学生观看与分析小视频，更清楚地确定教学要点与本节课的学习重点。真正让学生成为商务英语教学中的主人，促使其可以在自主学习过程中，掌控自己的学习进度以及学习效率，进而在更为轻松的环境中，主动构建商务英语知识框架，为后期课内教学打下基础。例如，教师可以以"业务范围介绍"为主题，让学生想象自己的业务范围，并用商务英语对自身的业务范围进行介绍，在突出学生主体性的同时，为了更全面地保证表达方式的有效性，可以通过一段视频的引导，让学生掌握如何用商务英语介绍业务范围。教师在调动学生学习商务英语的积极性的同时，应充分发挥学生的主体性。

2. 课内利用SPOC开展线下商务英语教学

基于学生线上学习情况，帮助学生答疑解惑。由于商务英语教师采用SPOC教学模式为学生发放资料时布设了小测验，因而教师通过SPOC学习平台就可以获取学生的小测验结果，此时通过分析学生观看视频情况以及测验情况，则可以了解每一位学生在自主学习过程中存在的问题，以及自主学习达到的最终成果，这就为后期课内教学，提供了更有价值的参考信息。当教师获取到学生的线上学习信息后，首先，应将学生的学习疑惑以及整体学习情况进行统计与演示，在课内利用SPOC开展教学时，则应为学生呈现出他们在自主学习过程中出现的问题，这样不仅可以保证教学整体性，同时也可以帮助学生了解自己的不足，让学习更全面；其次，商务英语教师则应以学生的学习疑惑为核心，重点更正学生的错误，并为学生解决其所提出的问题，在防止学生积累错误知识的同时，让学生获取到超出自己知识水平的商务英语知识。例如，学生在线上会咨询某些句子或词在商务英语中的使用情况，这时如果单纯地为学生讲这个词的意思很难帮助学生解答疑惑。可以通过将词应用到具体的语句中来让学生理解相应的词汇，从而有效帮助学生答疑解惑。

总结梳理教学知识点，丰富课堂教学内容。由于商务英语教学内容本身较为复杂、多样，因而在一节课中往往需要为学生呈现多方面知识，虽然知识之间具有一定的联系，但是学生的整体把握效果并不理想，基于此，为了提升商务英语教学质量与效果，在使用SPOC平台开展课内线下教育过程中，还应该借助联网设备，为学生总结本节课知识点、梳理教学思路，在丰富课堂教学内容的基础上，形成更为有效的教学模式，促使学生在扎实掌握基础知识后，能够在课堂中学习到商务英语教材以外的知识。①商务英语教师需要根据学生在答疑过程中的表现，以及学生的测验结果确定商务英语教学难点以及教学重点，为了避免学生产生商务英语课堂教学枯燥乏味的不良想法，教师在总结梳理教学知识点时，需要避免选择以往呈现过的教学视频，此时教师可以采用黑板加粉笔以及SPOC平台的方式呈现出知识点框架，让学生能够直观了解到本节课的知识点，进而能够从整体上掌握本节课商务英语教学的重点。②为了让学生拥有更高的商务英语水平，教师就需要在课堂中为学生呈现更为丰富的教学内容，此时教师可以选择SPOC平台上与本节课有关的内容，通过采取音频、图片以及视频的呈现方式，让学生将本节课知识点与课外知识有效联系起来，进而拓宽学生学习视野，丰富商务英语课堂的教学内容。

总而言之，教育信息化已是"互联网+教育"时代的必然趋势，而SPOC

模式给当代教育带来机遇的同时，也带来了诸多的挑战。当下，SPOC 与商务英语教学的融合已经进入初步发展阶段，但尚存在 SPOC 平台开发不足、融合不完善等一系列问题，在此背景之下，亟待高校继续努力，以更加开放的心态推动 SPOC 模式在商务英语教学中实现新的发展。

二、基于任务驱动的商务英语教学

在传统商务英语教学过程中，老师侧重于机械、重复地单向跟学生讲解单词和语法规则，没有互动的模拟场景练习，注重考点知识的传授；而学生仅靠记忆来掌握这些知识，没有自己深入的思考，导致英语教学效果较差。另外，教学材料和教学任务缺乏真实性，目前商务英语教材大多出自原版的英文报纸、杂志，选题单一或过于专业化，让人难以理解。商务英语课堂教学没有创造和真实商务活动相吻合的场景，学生没有参与积极性，也难以胜任以后的工作。许多商务英语教师把商务英语课程简单看作一门英语语言课程，过分强调语言的学习，忽视了沟通交流、表达技巧、心理素质等解决和处理商务问题能力的培养。

（一）任务驱动法与商务英语教学相结合的优势

与传统商务英语教学法不同，任务驱动教学法具有如下几个方面的优势。

其一，任务驱动教学法以学生为中心，师生互动，边学边实践，激发学生的积极性和热情，强调学生个性的成长与发展。所以，任务驱动教学法，以语言学习者为中心，符合语言学习的规律，能提高学生的学习主动性，培养其发现、解决问题的能力，学生能获得巨大成就感，传统教学模式无法达到这样的效果。

其二，任务驱动教学法更具实用性、真实性。商务英语被广泛用于商务活动各环节之中，如电话、传真、谈判、合同等，实用性是它的最大特点。任务驱动教学法不但能提高学生的学习积极性，还能激发主动参与意识。教师设定一个真实的商务场景，引导学生完成具体任务，让学生自由发挥并提出对策。此时学生可以更好地掌握教学内容，更好地把实用性落到实处。在商务英语教学过程中不能只停留在"传道、授业、解惑"层面上，应该侧重于实践练习。任务驱动教学法，让学生在模拟场景中学习，学生不仅很好掌握了教学内容，增强了自信心，分析、解决问题的能力也得到了提高。

其三，任务驱动教学法有助于培养学生的创新意识。采用任务驱动教学法，便于培养学生的创新意识。商务英语具有较强的实践性，需要应对各种商务场合，为了顺利完成具体任务，单靠课堂上学习的专业知识肯定是不行的，还需要学生不断扩大视野，多方面获取更多信息来解决问题，培养创新精神和缜密的逻辑思维。

此外，与传统基础英语教学不同，商务英语教学更加侧重让学生掌握商务活动各领域的专业词汇，熟练运用各项英语技能，参与商业谈判。这些特征决定了商务英语课程不再侧重于对单词、词句和语法的讲解，完成真实场景的具体任务更为重要。

（二）商务英语任务驱动教学的设计建议

任务目标要清晰明确，可操作性强。任务型教学的重点在于设计合理、有可行性的任务目标。教师在实施任务驱动教学设计时首先要制订总体目标，然后将总体目标细分成一个个小目标。而且每个任务必须具有可操作性、扩展性、实用性、有意义性等，比如在学习求职简历写作时，可以设置这样一个任务，让学生去图书馆或网上了解英文求职信的写作方法，根据自身情况向各自中意的公司写一封完整的求职信。然后把学生分成若干小姐，模拟公司各人事部门讨论收到的求职信，评选出最优秀的相互学习借鉴。教师应该明确不同阶段不同的任务要求，创造条件让学生主动地尝试解决问题，还应注意"因材施教"的原则，每个学生的认知水平不同，要及时调整教学目标和任务要求，保证学生有效地掌握商务活动的技能。

任务分工要科学合理，注重交叉评价。教师可以根据学生的性格、能力、学习水平等差异，并根据"组间同质，组内异质，优质互补"的原则，将学生分成若干个小组，使各小组、学生之间良性互动。比如在进行商务谈判时可设定生产商、经销商、供应商等角色，学生熟悉各自的职责后再互换角色，这样小组成员就都可以掌握商务谈判技巧。各小组在课堂上完成指定的任务后，可由其他小组进行点评，这会增强学生的团队合作意识。同时针对有待提高的方面，师生一起深入探讨，加深学生对商务英语教学的理解，有效锻炼商务英语交际能力。

任务设计要体现实践性和趣味性。商务英语是一门实用性非常强的课程，只有任务驱动教学法才能使学生更好地学习这门课程。比如在学习产品询盘时，教师可以先让学生讨论日常生活中购买商品的询价经验和技巧，再把学生带到商务活动场景中对产品进行询价。采用任务驱动教学法时，若设计的具体任务枯燥、呆板，学生没有兴趣参与，就无法达到预期的效果，所以选择日常商务活动中学生感兴趣的话题，是非常有效的教学手段。比如让学生组织一场商品展销会，提前告知展销会的目的和产品范围，学生收集自己感兴趣的产品信息做准备，这样为了在展销会上胜出，学生便会认真选择商品、在产品介绍上进行创新，并积极参与进来。

三、跨境电子商务活动中的商务英语教学

随着第三次科技革命的不断深入，尤其在现代信息技术、国际货币体系和国际物流不断发展和完善，经济全球化不断加深，跨境电子商务应运而生，并在极短的时间内完成了由产生到成长再到相对完善的历程。作为国际商业用语中占据支配地位的语言——英语，其在跨境电子商务中发挥着不可替代的作用。我国跨境电子商务英语应用的水平直接关系到我国在跨境电子商务领域的发展，但是高校对于该类人才的培养很难满足现实对人才质量的需求。跨境电子商务英语教学改革迫在眉睫。

（一）发展跨境电子商务英语教学的必要性

跨境电子商务英语的发展，加快了国际贸易的速度，大大节约了国际贸易成本。对于传统的外贸企业来说，这是一把"双刃剑"。一方面，这为传统的外贸企业转型提供了很大的契机，跨境电子商务将现代信息技术与传统的外贸企业紧密地结合起来，是外贸企业发展的重要助推器。另一方面，跨境电子商务的发展，也加剧了传统外贸企业的竞争，传统的外贸企业如果不进军电子商务领域不仅可能会损失潜在的市场，还有可能会面临被淘汰的风险。因此我国大量的外贸企业在国家的扶持下，纷纷进军跨境电子商务领域，力求抢先抓住跨境电子商务的发展契机。企业的发展离不开人才的支撑，我国跨境电子商务的迅猛发展，需要大量优秀的跨境电子商务英语人才。因此，如何培养优秀的跨境电子商务英语人才，是高校电子商务英语教学面临的重要课题。

（二）跨境电子商务英语教学存在的问题

培养目标不明确，课程设置不科学。电子商务英语的教学注重的是学生综合素质的提升，培养适应现代激烈的市场竞争的复合型高素质人才是电子商务英语教学的核心内容。在现代高校商务英语教学的过程中语言的学习和外贸理论的灌输仍然占据主要位置，互联网思维缺失，课程设计与市场脱节，教学内容相对单一是现代电子商务英语教学的主要问题。尤其在跨境电子商务英语方面，具有针对性的课程十分少，有些学校开设了跨境电子商务英语课程，但是课程教学内容较少，而且缺少整体设计。在较短的时间内，学生一方面需要学习相关的理论知识，另一方面又要针对现代市场的需求对学习的知识进行模拟训练。学生很难对知识进行深刻的应用和掌握。

而且，跨境电子商务英语涉及许多领域的课程，这导致设计课程十分困难。面面俱到的后果往往是杂而不精。学生在从事跨境电商业务时往往要从头学习，这违背了课程设置的初衷。

师资力量薄弱。"师者传道授业解惑也。"从事跨境电子商务英语教学的教师通常具备扎实的英语基础技能和外贸理论知识。但是，跨境电子商务是一种十分年轻的外贸模式。教师不仅需要有良好的英语功底，还要掌握跨境电子商务的具体流程，比如法律法规和运营手段。这是在短期内很难培养出来的。因此，一些高校选择外聘一些"兼职教师"进行授课，这就产生了另一项问题，这些"教师"往往不具备教育背景，教授的往往是从业过程中的经验而不是知识，这样往往会导致知识片面化或者学生难以听懂。

所以，跨境电商英语教师队伍中往往存在"会教的不懂，懂的不会教"的尴尬问题。

理论教学与实践教学严重脱节。跨境电子商务英语教学面临的另一个巨大问题就是，高校教学如何走进市场，让学生在市场的打磨下，完成质的提升。尽管一些高校会与企业进行合作，但是合作的方式往往是表面化或者参观化的。一方面学校不希望受到电商企业的太多约束，另一方面由于对学生的水平不了解，电商企业往往采取不信任的态度，而且现在大规模的跨境电商企业较少，很难满足学生对锻炼的需求，再者由于资金的原因学生也很难进行实际的电商操作，学生的操作能力很难获得质的发展。

（三）如何提升跨境电子商务英语教学水平

明确目标，建立以职业需求为导向的课程体系。跨境电子商务英语教学，需要以市场为导向，建立完整科学的课程体系。在知识教学方面，依旧要重视语言教学和贸易理论教学，与此同时加入现代电商运营规则的教学。在能力方面，注重学生的语言运用能力的提升和商务英语实战能力的提升。学校是学生有利的保护伞，通过模拟实战的方式，学生尽管会面临许多的失败，但是在摔打的过程中学生并不会有实质上的损失，学生在训练的过程中还能够不断地成长，因此模拟训练是学生重要的提升方式，应该充分发挥学校的作用，为学生尽可能地提供发展的平台。在情感态度与价值观方面，应该着重培养学生的国际视野和创新意识，大学不仅需要培养学生技能，更需要培养思维方式，课程的设置需要满足学生长远发展的需要。

优化教师队伍。教师是教学活动的主导者，优秀的跨境电子商务英语教师队伍是高校教学的核心保障。关于教师的培养应该从两方面入手，一方面要注重该类教师的培养，积极打造专业的教师团队，鼓励教师主动学习相关知识，积极地提升自身的跨境电子商务英语教学水平，学校应积极提供资金和渠道支撑，帮助教师去提升，比如支持教师去企业锻炼，或者积极地与企业联系让教师去参观学习。另一方面，学校要注重专业人才的引进，通过讲座、经验交流等方式，将一线的专业人员带入课堂当中，让学生近距离接触优秀的从业人员，以优秀的人为师，树立积极的职业理想。

深化校企合作，培养实用型人才。校企合作，对于跨境电商来说是一种有效的双赢合作方式。学校要积极地提升自身的硬件水平，比如建立培训基地，让企业看到学校的实力和诚意，以更加专业的身份，与企业进行更加深入的交流。学校是人才的孵化器，与企业积极沟通能够获得更加丰厚的发展资源，要让电商企业看到学校人才的潜力。校企合作的方式有两种，一种是"节流"，即充分利用现有企业，对学生进行培养。另一种是"开源"，即通过学生自己造血的方式帮助学生实现能力的提升，学校可以给学生更多的创业支持，让学生自己培养、发展自己。在校企合作的过程中，要积极地进行经验总结，在合作的过程中完善合作的方式。

注重学生交际能力的提升。跨境电商是一种贸易的交流，也是一种文化的交流，尽管电子商务的交流方式更加便捷，但是实际的交流过程仍然是文化的碰撞。培养核心仍然是交际能力，语言和科技仅仅是手段，是交际的载体。在培养过程中要十分注重学生交际能力的提升，通过多种方式培养学生的交际能力。

跨境电子商务英语教学是我国跨境电子商务发展过程中的重要支撑环节，是人才供给的主要渠道，跨境电子商务英语教学对我国外贸企业的转型具有很强的积极意义，对我国实现"引进来""走出去"的战略提供了重要支撑力量。跨境电子商务英语教学需要认清现实对人才质量的需求，紧跟时代的步伐，契合经济发展的需要，设置科学的课程，深化校企合作，促进学生专业素质的有效提升。

四、商务英语教学中的多元化教学模式

随着经济全球化程度的加深，高职商务英语专业日趋受到重视。从知识层面，高技术应用型、复合型人才是商务英语专业的培养目标：熟练掌握商务英语知识和国际贸易操作流程，具有商务英语、计算机应用能力，主要在国际商务、国际贸易、国际物流等行业从事商务英语应用、涉外文秘、国际贸易业务员、单证员、货代员、跟单员等工作的应用性（高技能）人才。此外，现在正兴起

的各种英语培训行业、旅游业也成为商务英语专业学生就业的目标。从精神层面，商务英语专业的学生不仅应该具备极强的爱国意识、抗压能力，还需要拥有健康的体魄，从而可以接受来自各方面的挑战。因此，本部分所研究的多元化教学包括四点：爱国主义教育、商务英语知识的教学、健康安全教育和多元化的评价体系。

（一）爱国主义教育

一个国家、一个民族，没有一股凝聚力，是不可能屹立于世界民族之林的。自中华人民共和国成立以来，我国已经积累了丰厚的物质基础和精神财富，但面对前进道路上的各种困难和挑战，如果全国人民没有坚定的信念和意志，那么我们以后的路会走得非常艰难。

爱国主义是发展中国特色社会主义事业的情感基础。爱国问题从来没有像今天这样如此复杂，你会发现不太可能再像战争时期那样开枪消灭敌人就是爱国。在今天全球化的大背景下，我们谈爱国爱党，其实和爱社会主义在本质上一致的。爱国主义是中国梦实现的力量源泉。爱国主义可以把全国各族人民凝聚、积聚在一起，可以更好地把全国人民指引到社会主义各种建设的过程中。爱国主义是我们炎黄子孙共同应对复杂形势的精神法宝。形势越是艰难，爱国主义就越能够运用这股凝聚力来应对不可测知的挑战和威胁。

爱国主义教育并不是思政课的专利，笔者认为在商务英语教学中，依然需要在恰当时候引入爱国主义教育，有国才有家，只有国家强大了，我们的生活才有保障。我们虽然学习英语学习外国文化，但是并不代表我们要崇洋媚外，比如圣诞节、情人节、复活节这些西方节日，不主张学生们去大张旗鼓地庆祝，对学生要有正确的引导，引导学生热爱中国传统文化，过中国特色的节日。

（二）商务英语知识的教学

商务英语专业要求学生要掌握哪些技能，有什么样的职业目标，要通过三年的学习最终达到什么样的结果，这些内容是教师要传达给学生的。作为教师要授之以渔，而不是授之以鱼。学生的首要目标是学习，掌握本专业的技能，没有好的文化知识，也谈不上为祖国的发展做贡献。商务英语专业方向主要培养具有扎实的英语语言基础和较系统的国际商务管理理论知识，具有较强的实践技能，能在外贸、外事、文化、新闻出版、教育、科研、旅游等部门从事翻译、管理、教学、研究工作的英语高级专门人才。这要求学生要经受英语听、说、读、写、译等方面的良好训练，掌握英语语言和文学、政治、经济、管理、社会文化等方面的基本理论和基本知识。

（三）健康安全教育

笔者所要讲的健康安全教育包括身体健康教育、心理健康教育和交通安全教育。从事教育10多年，最痛的就是看到越来越多的才子佳人过早离世，有些因为抑郁自杀，过早结束自己年轻的生命；有些因为疾病癌症饱受折磨香消玉殒；还有一些则死于交通事故。作为教师有必要在课堂给学生讲解这些知识，让他们不仅身体健康而且心理也健康，因为只有活着我们才可以为祖国做更多的贡献。

①身体健康教育。随着经济的飞速发展，人们的生活水平日益提高，很多年轻人喜欢各种夜生活，由此带来了许多健康问题；由于物质的极大丰富，人们想吃什么便吃什么，这给身体也带来了巨大的危害。笔者研究中医养生许多年，在课堂上经常会把这类知识介绍给大家。比如在对比中西方饮食文化的教学中，顺势融入一些健康饮食的知识，给同学们介绍何为健康食品何为垃圾食品，强调病从口入，夏天要少吃生冷食物，冬季尽量吃温热食物。在冬季病毒性感冒高发的季节，笔者会给学生讲解一些应对感冒的方法，教给他们如何辨别风寒感冒和风热感冒，如何辨别咳嗽的类型，告诫他们不要有病乱吃药，当自己无法准确判断时一定要及时就医，以免延误病情。②心理健康教育。心理的健康也是非常重要的，让大家了解抑郁症的原因，引导学生积极地生活，多交朋友、培养自己的兴趣爱好，只有心态好生活才会好。③交通安全教育。交通事故近几年有增无减，虽然我们的学生已经成人，但是就笔者的教学经验来看，他们很多人还是不重视交通安全，有一次给他们讲"鬼探头"，很多学生都不知道。过马路走人行横道，不要闯红灯，路口减速慢行，高速路上注意与前面车的车距，等等，笔者会把经历过的与同学及时分享，让他们今后能够提高警惕。

（四）多元化评价体系

高等教育应根据培养目标、课程性质、教学目标和要求以及学生个性发展的需要，实现学生学习评价体系的多元化。商务英语课程由于内容的多样性，不适合传统的考核方式，比如商务英语精读课程中，期末试卷考试成绩占到了总评成绩的60%，这极大束缚了老师和学生的学习模式，不利于多元化的教学和学习，建立何种多元化考核方式还需要今后不断探究。

五、商务英语教学中的思辨能力多维训练模式

近年来，我国教育体制不断改革，以逐步提升教学质量，促进学生综合素

质的提升。在商务英语教学中，教育部注重对学生思辨能力的训练，旨在通过增强学生的思辨能力，让学生养成良好的英语学习习惯，有效优化教学质量，为学生后续学习及工作打下良好的基础。本部分将围绕提升学生的思辨能力的多维训练模式进行探讨。

（一）在商务英语教学中培养思辨能力的意义

契合商务英语人才培养目标。商务英语具有极强的指向性和专业性，贯彻落实思辨能力多维训练模式，符合商务英语的教学目标，有助于提升课堂教学质量，让学生养成良好的商务英语学习习惯。培养学生的思辨能力虽然在之前的商务英语教学模式中得到了体现，但并不受重视，在具体落实方面略显不足。商务英语专业不仅对学生的英语能力具有较高要求，还要求学生具备经济、管理等方面的知识，具有综合性。为此，单一的教学目标不能满足商务英语人才培养的要求。为此，商务英语教学要围绕着培养学生的思辨能力，完善教学目标及教学规划。

有助于提升学生的综合能力。纵观当前商务英语教学现状，绝大多数院校均开设了商务英语课程，教学重点集中在如何提升学生的英语应用能力上，整体课程设置的专业性和针对性有待加强。不少学生具备较为完善的英语语言能力，但缺乏经济、管理等与商务有关的知识。鉴于这一情况，商务英语教学要根据专业特点将经济、管理等与商务相关的内容科学融入商务英语教学之中，适当降低英语语言基础知识在整体课程体系中的比重，注重对学生思辨能力的培养，从而促进学生综合能力的提升，增强学生的岗位适应能力。

（二）在商务英语教学中基于思辨能力创建多维训练模式

在专业教学中贯彻就业导向。在商务英语教学中，要将就业导向有效融入教育教学之中，让学生尽早明确未来的职业发展方向，切实提升学生的就业率。在商务英语教学中，为提升学生的就业实力，院校在设置商务英语课程体系时，不仅要设置有效提升学生语言应用技能及相关知识的学科，还要增加商务知识、相关背景知识等内容，逐步提升学生应用所学知识解决实际问题的能力。此外，在商务英语教学中，教师要突出学生的主体地位，采用灵活多变的教学形式，开展契合教学目标的教学活动，以激发学生的学习兴趣及自主操作能力，逐步提升学生对所学知识的应用能力，致力于培养学生的思辨能力，促进学生综合素质的提升和全面发展。

调整技能训练在教学中的比例。就商务英语专业而言，学生必须具备良好的英语交流能力，能够妥善处理商务方面的问题，这样才能尽快适应工作岗位。

为此，商务英语教学要贯彻落实理论联合实践的教学理念，适当增加技能训练在教学中所占的比例，并以此为中心，开展相应的技能培训活动，让学生在实践操作中提升团队合作能力、分析和探究能力等，以增强学生的综合能力，提高学生的岗位适应能力，从而有效提高学生就业率，改善就业即失业的难题。在商务英语教学中，教师可以根据教学内容，设计主题活动，创建适宜的课堂情境，让学生根据客户需求，完成相应的操作训练，以增强学生的实践操作能力，让学生通过分析问题、解决问题，增强思辨能力。此外，学校可以挖掘社会资源，拓展实践教学平台，寻找优质企业构建良好的合作关系，组织学生参加教育实训，从而锻炼学生的思辨能力。

完善相应的教育评价机制。考核评价是教育教学中的重要环节，为提高评价体系的科学性，改变以期末考试为主的评价模式，学校要推进形成性评价建设。专业英语四级及专业英语八级考试是考察英语专业学生专业能力的重要考试，BEC是考查学生商务英语水平的重要考试。在商务英语评价体系中，不仅仅需要举行关于理论知识的期末考试，还要根据学生的实践能力开展对应的考试，并将学生的课堂表现、作业完成情况等内容按比值计算到综合成绩之中，以完善教学评价体系，让学生不仅关注期末考试成绩，还重视平时表现。另外，教师可以根据学生在课堂上的表现，对教学情况进行总结和反思，从而逐步提升课堂教学质量，构建良好的师生关系，给学生提供及时有效的指导，促进学生综合能力的提升。

将思辨能力训练与专业教学有效结合。我国不少院校并未开设专业的思辨能力训练课程。为此，在商务英语教学中，院校应基于学科内容，构建科学有效的思辨能力训练体系，在注重培养学生语言应用能力的同时，将引入话题、研究问题、以问题为导向等的教学活动应用到专业教学之中，以促进学生思辨能力的提升。另外，教师要合理利用互联网科技，利用多媒体设施展示相应的教学课件，丰富课堂教学内容，拓展学生的知识面，并顺应时代发展要求，开展微课教学，将教学中的重难点等内容以微课的形式上传至学习平台，锻炼学生的自主学习能力，进而促进学生综合能力的提升。

在信息技术水平日新月异及社会经济蓬勃发展的当下，社会对人才的要求也逐步提升。伴随着高等教育的发展，每年均有大量的高校毕业生涌入人才市场，存在较大的竞争压力。因此，在商务英语教学中，学校要基于思辨能力，综合多个要素，构建科学完善的训练模式，切实调动学生的积极性和主动性，从而促进学生综合能力的提升和全面发展。

六、CBI 教学理念融入商务英语教学的有效性

CBI 也被称为内容教学，将语言教学模式和教学内容融合在一起，是一种较为直观化的教学理念，在教学过程中，需要对教学内容进行全面分析和理解，从而实施针对性教学。CBI 教学模型依托语言输出输入理论以及教育功能理论，并且，在教学体系建立过程中，也充分融合了建构主义的相关特征。也就是说，在 CBI 教学模型中，学科知识是教学核心，教师主要借助语言材料和新信息，建构初始化教学结构，在课程设置方面也是完全围绕学科特征展开教学。在商务英语教学模型中融入 CBI 教学理念，能为学生提供更加优化且具有专业性价值的语言学习环境，并且能有效优化学生的语言技巧能力，实现专业知识水平以及社会认知能力的双向升级，从根本上优化了整体教学模型的实效性。另外，在商务英语结合 CBI 教学模型的过程中，学生除了能在日常交流中提升英语应用能力，也能实现学术研究的目标。其中，CBI 教学模式中，主题依托、保护依托以及辅助式依托和变体依托等是十分常见的依托方式，能在提高整体效果的同时，保证教学模式和教学理念的最优化。另外，在课堂教学模式中，教师并不需要刻意进行语法学习以及语言功能训练，只需要结合语言知识本身的特征，转向语言教学方式，借助语言工具提高学生的使用能力。

（一）CBI 教学理念融入商务英语教学的时代价值

在商务英语教学结构中，由于其本身并不是单一化的英语教学模式，采取的是英语模式＋商务专业模式的教学方式，对于学生的要求就不仅仅在于英语能力的培养，更加注重实践水平和语言功能的处理效果。也就是说，在商务英语教学理念中，教师要将语言技能和商务专业内容有效统筹，从而形成系统化的教学模型和教学维度。在商务英语中，语言知识、沟通技能和专业知识是三个必要的学习模块，是将理论知识和实践知识融合在一起的教学体系，更加适用 CBI 教学理念。CBI 教学机制能将语言教学或专业知识教学融合在一起，形成统筹分析的教学模型和教学框架，实现语言教学模型的综合化升级，确保教学维度能得到有效实现。

（二）CBI 教学理念融入商务英语教学的路径

在 CBI 教学模型建立和落实过程中，要结合商务英语的实际运行需求，积极落实更加系统化的教学机制，将语言和内容进行综合化分析，利用不同的教学操作方法提高整体教学机制的实效性。其一，沉浸式教学法，主要是将教学内容作为教学依托，是 CBI 教学模式的核心教学体系，要求教师在教学机制和

教学主题设计时，充分将教学内容落实到其中。其二，语言主题教学法，即对教学内容进行深度分析后，借助不同的语言主题提高商务英语的价值性和直观性。其三，将沉浸式教学法和语言主题教学法揉捏在一起，利用辅助教学机制提高整体教学水平。在 CBI 教学机制开展过程中，将语言内容和教学任务进行捆绑，能助力学生在相关教学活动中体会探索式学习的乐趣，并且能引导学生在完成任务的过程中认真思考，从而实现信息交流的教学目标，能在提高学生综合素质的基础上，为学生的交流能力升级奠定坚实基础。

另外，在商务英语教学体系中应用 CBI 教学模式，教师并不是一味地传递商务语言知识，而是要结合不同的商务教学任务，寻找生活式教学的贴合点，并且提高语言模型和教学互动的实践性价值，从而进一步有效吸引学生获得教学引导，通过协作式学习模式完成基本的教学任务。正是基于此，教师利用 CBI 教学模式能有效落实教学任务和教学目标，引导学生进行对话式互动学习，从而习得语言知识。正是基于 CBI 教学模式，学生能在真实的商务活动场景中体会商务英语的真实性任务，内化英语知识，也能着重培养学生运用英语的能力。

（三）CBI 教学理念融入商务英语的有效性研究分析

CBI 教学模式的实际价值和教学效果需要借助课堂教学效果进行全方位验证，因此，有必要建立相关教学模型，对 CBI 教学模式的有效性进行总结和分析。下面选取某高校商务英语选修课程的学生作为研究对象，结合相关对比分析机制，进行细化研究。

1. 研究项目概述

要想从根本上提高 CBI 教学模式的使用效果，就要对其有效性进行集中分析和综合管理，借助相关教学研究了解 CBI 教学模式和传统教学规律之间的差异。

在研究项目中，将传统教学机制和 CBI 教学模式列为两种不同的学习环境和学习基准，并且选取开设商务英语的两个班级进行对比试验分析。在选取学生前，要对学生的学习能力进行初步了解，确保学生能力的均等性，减少智力因素的影响，将其分为对照组和实验组，进行一个学期的试验教学，每周 4 课时，共 18 周。利用 CBI 教学模式，课堂教学互动主要围绕商务主题展开，课堂中教师的讲解和学生陈述都按照 CBI 教学流程有序开展，并且结合小组教学模式和任务教学模式。而对照组利用传统教学机制，主要是以"听说读写"为主，每堂课就是"教师翻译学生练习"的形式，教师沿袭传统教学机制对课程进行全面讲解。并且，在实验进行过程中，要针对学生开展学习态度以及学习成果的调研分析，动态化观察学生的变化，建立具有针对性的成长档案。

2. 确定研究对象

研究对象选取商务英语专业一年级学生，两个平行班级均开设了商务英语相关课程，每个班级40人。在研究开始前，对其成考英语成绩以及入学后的模拟考试成绩进行分析，并且对其智力等因素进行了综合对比，实验组班级和对照组班级学生并没有明显差异，将其列为相似研究群体，从而有效开展CBI教学模式和传统教学模式的对比分析。值得一提的是，在实验项目建立和落实的过程中，为了进一步提高控制变因的能力和水平，研究体系中，对于CBI教学分组和传统教学分组采取相同的教学目标和教学内容，且教师也是同一个，尽量减少外界硬性因素对对比结果的影响。基于此，建立健全系统化的教学对比分析，从而确保教学维度和教学基础参数符合标准化实验要求。

3. 主要研究依据

在研究体系中，设计了两份检验工具，其一是英语水平测试试卷，主要采用剑桥商务英语BEC中级证书试卷，考查学生在学期中和学期后的整体水平以及综合能力。在测试中，不仅仅对学生的"听说读写"能力进行检测，也对学生商务水平进行全面考核，在试卷中，只包括听力和阅读两大部分，前者30题，占据30分，后者40题，占据40分，测试时间控制在100分钟。其二是学习态度和学习效果的调研问卷，在问卷设计过程中，将CBI教学效果和教学模型实效性作为主要研究对象，主要根据英语学习动机调查表中的学习态度量表制订，共10题，正向题目为6题，负向题目为4题。值得一提的是，正向题目和负向题目会以分散的形式排列，不仅仅包括学生对于英语课程的态度，也包括其兴趣点和学习动机。在量表中，选项设计也较为细化，分别设置"无意见""十分同意""比较同意""十分不同意""比较不同意"五个选项，利用柯能毕曲 α 系数，各个题目的 α 系数控制在0.65到0.75之间，保证充足的信度，也能有效证明量表的可行性和可靠性。

4. 数据分析

在数据分析机制中，主要选取三种方式。①配对样本检验机制，主要是对CBI教学单一组或者是传统教学单一组学习态度前后变化以及差异进行测试，对分数和变量进行高度相关性测试。在实验中，利用配对样本检验机制，能有效排除误差，提高设计程序的实效性，还能对不同独立检验方式进行统筹分析。②独立样本检验机制，比较CBI教学班级和传统教学班级成绩前后的差异，对标准化差异数值进行综合分析,标准差差值越大,则表示两组的差异越大,当其显著性数值在 0.05 以下时,能对差异性进行综合意义分析,具有统计学意义,也能对 CBI 教学和传统教学差异有直观的表述。③单因素方差分析检验机制,主要是检验 CBI 教学和传统教学两种方式中学生学习态度的差异,数值越大,差异越大。

5. 结果分析

对两个班级进行全面测试和分析后,对其相关参数进行差异化对比。第一,CBI 教学班级和传统教学班级的英语水平测试,由于是大一学生,在进入大学前并没有商务英语的基础,在第一次期中测试中,对两个班级的商务英语水平进行了初步测试。CBI 教学实验组中,听力平均分数 22.32 分、标准差 2.96;阅读平均分数 34.17、标准差 3.84;总分平均分 56.49、标准差 6.30。传统教学对照组中,听力平均分数 21.59 分、标准差 3.17;阅读平均分数 34.46、标准差 4.78;总分平均分 56.05、标准差 7.41。在成绩方面,两者并没有显著性的差异。而在第二次期末测试中,CBI 教学实验组,听力平均分数 24.41 分、标准差 2.76;阅读平均分数 38.71、标准差 4.55;总分平均分 63.12、标准差 6.97。传统教学对照组中,听力平均分数 21.95 分、标准差 2.36、阅读平均分数 36.67、标准差 4.47;总分平均分 58.62、标准差 6.37。成绩差异较为明显。第二,学习态度测试,CBI 教学实验组中,学生的学习态度明显好转,而传统教学对照组中,学生的学习态度并没有明显变化。这就直接导致学生的整体成绩出现了变化,并且,从单因素方差的角度分析,学生更加乐于接受 CBI 教学机制,证明其教学有效性较好。

总而言之,对于学生来说,CBI 教学机制是在提高其自主学习能力的基础上,优化其学习水平的,尽管最开始会存在适应性问题,但是,只要学生充分认可 CBI 教学机制的内涵,再配合教师教学工作,就能实现商务英语能力的综合化提升,有效提升自身的商务英语水平,该教学机制值得高校大面积推广。

七、高校商务英语教学中的模块教学

高校商务英语教学在培养英语人才中起着重要的作用,但长期以来,高校商务英语教学中一直没有突破传统教学的束缚,依然以语法为主,教学过程中忽略了学生的主体作用,忽略了学生应用能力、交际能力的培养,教学过程中忽略了文化差异,所培养出来的学生与社会发展需求存在一定的差异。近年来,模块教学的应用越来越广且取得了较好的成效,模块教学是一种以能力为基础,以培养技术型人才为目的的教学，在高校商务英语教学中，教育工作者应善于推行模块教学。

（一）模块教学的概述

模块教学是一种以现场教学为主，以技能培训为核心的教学模式。在这种模式下，通过将学习方式要求和与教学目标相近的教学内容整合构成小型模块课程，使其整体功能大于部分之和。相比传统的教学模式，模块教学的优势比较明显。首先，在模块教学下学生的主体作用得到了体现，学生在教师的指导下可以更好地发散思维，发挥自己的能动性，从而达到学习目标，实现高效教学；其次，在模块教学模式下实行"尊重差异，追求个性"的现代教学理念，有利于培养学生的个性和优良品质。最后，模块教学模式下一个模块可以是一个单元，也可以是几个单元的组合，大模块由小模块组成，大的模块可以组成更大的模块，这样的教学比较灵活。

（二）模块教学的内容

①理论教学模块。学生只有具备扎实的理论基础，在商务英语的应用中才能实现准确的交流与沟通。基于高校商务英语的理论部分，教育工作者应根据学科特点以及人才培养目标，将其分为绪论、跨文化交际、人力资源、市场营销、国际贸易、管理学、金融学等若干模块。而在这些模块中又可以有若干小模块，如跨文化交际这一模块可划分为商务问候、商务礼仪、跨文化交际的策略、商务谈判等。针对这些模块，教师可以有针对性地指导学生学习，使学生掌握相关理论知识。

②实践教学模块。理论与实践是组成高校商务英语的两大主要模块，在划分好理论模块后，要确认高校商务英语的实践模块，包括商务英语学习方法介绍、人在职场、商务酒店、商务通信等模块，以这些模块为基础，将相关内容归纳到相应的模块，从而系统地开展教学，提升学生的能力。

（三）高校商务英语教学中模块教学的实施

①划分小组。在高校商务英语教学中，划分小组是实施模块教学的重要途径。作为教师，在分组的时候要确保分组合理。在划分小组时，要考虑到学生的学习成绩、知识结构、认知能力、兴趣爱好等因素，根据学生的这些情况来分组。一般而言，教师可采取互补的方式来组合，如成绩好的学生与成绩差的学生搭配、不同知识结构的学生搭配等，从而达到相互促进、共同成长的目的。在划分小组时，要确保每组人数和基本情况相一致，每组选出发言人。

②创设情境进行角色表演。基于商务英语课程的特点，只进行理论知识教育是无法调动学生的学习积极性和主动性的，模块教学目标难以实现。英语属于一门外语，要想学好英语，必须创设英语表演情境。在模块教学中，教师可以结合教学内容设计相应的情境，让小组进行角色表演，通过表演引导学生具备专业的商务英语能力。如教师可以模拟现场招聘，将教室布置成一个招聘现场，由学生扮演考官和应聘者，通过这种角色表演来增进学生的体验，让学生在这样一个环境中提升英语应用能力。

③布置任务。模块教学就是将一项或者几项具体的任务融入教学过程中，通过任务明确教学目标和教学内容，激发学生的学习欲望，促使学生积极参与到教学中，从而实现高效教学。因此，在高校商务英语教学中，教师要根据模块教学内容合理布置任务，从而更好地引导学生全面发展。

综上所述，高校商务英语教学中模块教学有着较大的应用价值，实施模块教学可以更好地培养学生的能力、促进学生个性发展。因此，在高校商务英语教学中，教师要善于开展模块教学，要根据商务英语课程以及学生的特点合理设计模块。在模块教学中，要积极推进小组学习，发挥学生的能动性，合理布置任务，做好教学评价，进而有针对性地培养学生的能力，促进学生的全面发展。

第三节 商务英语专业人才能力需求分析

一、能力需求分析方法

伴随"一带一路"倡议的推进与落实，以培养复合型英语人才为主导的商务英语专业迎来了空前的发展机遇。学界有必要了解就业市场对商务英语人才知识技能及职业素养的具体要求，以便完善培养方案，提升竞争优势。商务英语（以下简称"商英"）是专门用途英语（ESP）的重要分支，而需求分析是开展 ESP 教学活动、进行教材选取及课程设置的奠基石。针对商英人才市场进行社会需求分析对探讨如何优化商英人才培养模式至关重要。

以往研究大多以学生和教师为研究对象进行情景分析。对商英教师和学生群体进行需求分析虽然意义重大，但研究结论未必与现实工作环境的实际需求相吻合。为了解实际工作环境对人才的需求，研究者还需针对目标工作环境中"局内人"的具体要求展开调查分析。

本研究将应届生求职最常用的招聘网站（应届生招聘网、中华英才网、智联招聘及中国高校招聘网）的招聘信息作为数据来源。数据搜集时间：秋招高峰时间段，2018年9月1日至2018年11月30日。在各招聘网站点击"职位搜索"，输入"商务英语"筛选出专门针对商英专业的招聘信息，所选数据只针对应届生（包括商英方向的专科、本科、硕士和博士应届毕业生），不包括要求多年工作经验的高层次管理人才、资深翻译以及教师调动等招聘信息，排除针对通用英语专业的招聘信息。研究问题如下。①用人单位对商英人才的岗位需求总体情况如何？②不同类型用人单位对商英人才的岗位需求是否存在差异？③用人单位要求商英人才具备哪些知识、技能及职业素养？

依据《高等学校商英专业本科教学质量国家标准》中提出的5项能力要求：英语应用能力、商务实践能力、跨文化交流能力、思辨与创新能力及自主学习能力；并参考以往研究的社会需求分析框架，本研究主要从语言知识与技能、商务知识与技能、跨文化商务交际能力以及其他工作素养四个方面分析商英人才的社会需求。

二、主要发现

（一）用人单位类型与岗位分布

对所搜集的商英专业岗位信息进行编码统计后发现：用人单位对商英人才需求最多的岗位为外贸员（44.6%），其次为教师岗占20.4%，商务助理占17.3%，销售人员占13.1%及行政人员占4.6%。对不同类型用人单位各类岗位需求分布进行统计汇总发现：国企对商务助理需求较多；民营企业、外资企业及合资企业对外贸员需求较多，事业单位招聘的岗位则主要是商英教师。对不同性质用人单位的岗位需求进行多个独立样本非参数检验发现：不同性质用人单位对商英人才的岗位需求存在显著差异（$c^2=257.349$，$p < 0.01$）。

（二）语言知识与技能

招聘广告对证书的要求依次为，六级证书32.4%＞四级证书28.4%＞无相关证书要求占比16%＞专业四级证书10.6%＞BEC证书5.6%＞专业八级证书5.5%＞口笔译证书1.5%。由此可见目前用人单位较为认可普通英语四/六级证书（共占60.8%），不太关注英语专业专属四级/八级证书，对商英类BEC证书的关注更少。

本研究对岗位信息中用人单位对商英人才各项英语应用能力要求进行了多个独立样本非参数检验，结果表明不同岗位对英语应用能力的要求存在显著差异（$c^2=288.878$，$p < 0.01$）。与输入型技能听力和阅读相比，口语能力与写作能力作为输出型技能备受重视。其中，用人单位对外贸员和销售人员的口语能力要求较高，但对翻译能力要求较低。

（三）商务知识与技能

通用商务知识与技能：数据中 93.9% 的用人单位要求"能熟练使用 Office 办公软件"；部分商务助理岗位还对商务礼仪（4.6%）、信息调研（2.1%）等技能提出要求，如"了解基本商务礼仪""定期更新数据库及了解行业动态"；另外有 2.9% 的单位对"公共演讲技能"提出了要求。

专业商务知识与技能：国际贸易知识与技能（58.1%）、市场营销技能（8.5%）、人力资源管理技能（6.4%）、法律知识（2.7%）和财务技能（2.4%）；另有近 21.9% 的用人单位未明确要求具备专业商务知识与技能。

用人单位比较看重国际贸易知识与技能和市场营销技能，但不同岗位对具体商务知识与技能的要求各有侧重。外贸员职位主要对国际贸易知识与技能要求较高（占比 92.5%），如"熟悉外贸流程及实际操作""具有丰富的外贸单据操作经验"及"具备贸易领域专业知识"等。商务助理和行政人员职位则对人力资源管理技能要求较多（分别占比 46.4% 和 53.3%）。销售人员岗位对市场营销技能格外重视（占比 51.2%）。

（四）跨文化商务交际能力

本研究中有 42.7% 的用人单位对跨文化商务交际能力提出明确要求，其中 16.5% 要求人才具备跨文化思维能力、18.0% 要求具备跨文化适应能力、8.2% 要求具备跨文化沟通能力，另有 57.3% 未对跨文化交际能力提出具体要求；然而，有近 76.2% 的岗位明确要求"具备良好的沟通能力"，因为大多岗位需要与国外客户进行沟通协调，"跨文化沟通能力"是实现有效沟通的必备条件，因此用人单位提出的"沟通能力"要求可能暗含对"跨文化交际能力"的要求。

（五）其他职业素养

除"沟通能力"之外，用人单位还对毕业生的"工作态度、服务意识及合作能力"等其他能力提出明确要求；86.0% 的用人单位要求应聘者"工作态度认真"；11.9% 要求毕业生有"服务意识"；38.1% 要求具备"团队合作能力"；18.5% 要求具有"应变能力"。可见用人单位对员工的职业素养和工作完成能力非常重视，要求"认真负责""具有较强的沟通能力、抗压能力及随机应变能力"等。

（六）小结

①不同性质用人单位及不同行业对商英人才的岗位需求存在显著差异。②在语言知识与技能方面，用人单位仍把四级、六级证书作为主要能力认定标

准；不同岗位对各项英语应用能力的要求各有侧重，但都比较重视输出型技能——口语与写作能力。③商务知识与技能方面，用人单位注重员工在特定商务环境中解决问题的能力，其中通用商务技能方面，大多单位要求应聘者具备Office办公软件使用能力；专业商务知识与技能方面，不同招聘职位对国际贸易知识与技能、市场营销技能、人力资源管理技能、法律知识及财务技能要求存在显著差异。④此外，用人单位对商英人才的跨文化商务沟通能力或广义的沟通能力比较关注，而且非常重视毕业生的工作态度、服务意识和合作能力等职业素养。

三、跨境电商人才能力需求分析

跨境电子商务直接面对国外消费者，不同的语言、文化、宗教信仰、生活习俗等，加之涉及在线支付、物流、计算机网络等知识，意味着跨境电子商务需要的是精英语、听说强、懂经贸和电子商务的复合型人才，而目前郑州这种复合型人才缺乏，制约了郑州市跨境电子商务的发展。

跨境电子商务的快速发展波及各类企业，如小微企业、电商企业、国有企业、民营企业、外贸企业、合资企业、生产企业、外资企业等，并创造了大量的就业岗位，如新零售人才、数据分析人才、新媒体营销人才等。跨境电商企业求才若渴，应聘人员多为国际贸易、电子商务、国际商务、商务英语等专业的毕业生；人才主要向北上广深等大城市和东部地区流动，浙江等地异军突起，其他地区人才全线短缺；全国开办国际贸易的院校700所，开设电子商务的院校500多所，开办商务英语的高职院校500多所，目前无法满足企业的实际需求。跨境电商属于交叉学科，对综合型和复合型人才的需求量较大，行业发展历史短，门槛低，初级和中级人才较多，高级人才奇缺，目前为止，高校尚未培养出大量的高级人才。

问卷调查结果显示：85.9%的企业认为目前跨境电商人才存在缺口；17.6%的企业干脆就招不到合适的人才，而剩下82.4%的企业虽然招到了人，但是这些"人才"根本满足不了企业的需求。大部分毕业生存在如下问题：解决问题的能力不强（81.9%），专业知识不扎实（53.0%），知识面窄（51.3%），语言综合能力不强（50.23%），视野不够宽（49.7%）。企业（65.1%）急需要复合型人才，企业也急需要有能力解决问题的人才；企业对有一定技巧和实战经验人才的需求（68.4%）远高于具有丰富经验的高级人才（17.8%）和会基础操作的低级人才（13.8%）；随着海外业务的增多，65.1%的企业急需复合型人才，对外语能力强、平台知识丰富的复合型人才的需求更强烈。当海外业务占企业业务总量的 10% 以下时，看重外语能力的企业约占 36.4%，看重平台知识的企业占 25.5%；当海外业务占比达 60% 时，看重外语能力和看重平台知识的企业占比分别上升到 62.5% 和 42.0%。

跨境电商企业招聘时最为看重求职者的英文书面表达能力，除此之外计算机操作能力、英文口语能力也较为重视，英语能力的要求较高，也与重点工作岗位有关，如销售、客服等岗位，日常工作就是与国外客户交流，所以外贸英语、商务英语是这些岗位的核心能力。谢晓琼调研了跨境电子商务人员的主要能力要求，"良好的英语听说能力"排第一位，排在第二位的是"能翻译产品资料"，并列第三的是"能处理外贸函电，进行询盘、报盘和还盘"和"了解进出口业务流程，熟悉外贸进出口业务环节"。由此可见，相比于传统的电子商务专业和国际贸易专业，商务英语专业人才更接近跨境电子商务人员的能力要求。

第四节　应用型本科院校商务英语专业设置的可行性

一、商务英语专业设置的原则

（一）从"校本位"出发，凸显学院办学定位和办学特色

以郑州升达经贸管理学院为例，作为一所地方应用型民办本科院校，以服务区域经济社会发展为重点，立足郑州，面向中原，辐射全国，培养专业基础扎实、实践能力强、发展潜力大，具有社会责任感和创新精神的高素质应用型人才。学院形成了以经济学、管理学为主，工学、文学、教育学、法学、艺术学协调发展的学科专业布局，经济学和管理学是学校的特色学科，会计、国际贸易和金融是优势专业。依托学科特色和优势，按照"英语+商务"的人才培养模式，设置商务英语专业（跨境电商方向），更能突出商务英语专业人才培养特色。这样既能满足社会需求，保证高就业率，又能为学院带来良好的声誉。

（二）坚持以社会需求为导向，以服务中原经济区发展、郑州航空港区建设为目标

根据 2012 年对外经济贸易大学对上海 80 家用人单位的调查（企业分别属于 IT、金融、证券、保险、商业、旅游、教育等不同行业，涉及国家机关、事业单位、国有企业、民营企业、外资企业、合资企业和私营企业等不同性质的单位，单位规模从 200 人以下到 1 万人以上不等），市场最需要的高水平外语

人才依次是，商务类（50%）、管理类（36.6%）、翻译类（27.5%）、法律类（11.3%）、文学类（8.8%）。最需求的语种：英语（82.5%）、日语（28.8%）、法语（15%）、德语（11.3%）。上海市场最缺乏的尖端外语人才：同声传译高级口译人才；外语好懂法律的复合人才；外语好会商务谈判的人才。而普通外语人才已经过剩（统计数据源自对外经济贸易大学王克非教授在2013年10月19—20日召开的全国高校英语专业教学改革与发展学术研讨会上关于"商务英语专业本科人才培养模式"的专题发言）。上海对外经贸大学在2013年也做了类似调查，用人单位对商务英语岗位的需求情况如下：47家用人单位每年都有商务英语岗位需求，最多的达到25个，最少的为2个，平均值为11.2个；有23家单位完全从应届毕业生中招收商务英语员工，38家单位认为本科学历就可以满足商务英语岗位需求；主要的岗位是商务英语口笔译和外贸业务员（统计数据源自上海对外经贸大学国际商务外语学院副院长王艳艳副教授在2013年10月19—20日召开的全国高校英语专业教学改革与发展学术研讨会上关于"商务英语专业人才培养模式与需求调研"的专题发言）。这些调查数据和结果印证了社会上对商务英语专业人才的需求。

《中原经济区规划（2012—2020年）》和《郑州航空港经济综合实验区发展规划（2013—2025年）》都明确了郑州作为中原经济区核心的重要战略地位，后者直接把郑州航空港定位为"内陆地区对外开放重要门户"。郑州航空港区的战略定位和发展目标给河南省高等教育带来了前所未有的良好机遇和巨大挑战。提升河南经济社会发展的层次，加速河南社会经济的结构转型，培养和造就一大批高素质、国际化、复合型人才，培养和造就一大批既掌握外语又熟悉国外经济、法律、国际规则并了解河南历史文化的国际商务人才，成为河南人力资源事业发展的重要内容，也是河南对外开放、发展外向型经济、实施内陆开放战略的重要支撑。

（三）与地方本科院校转型发展相一致

党的十八届三中全会明确提出："加快现代职业教育体系建设，深化产教融合、校企合作，培养高素质劳动者和技能型人才。"2014年2月26日国务院常务会议做出"引导部分普通本科高校向应用技术型高校转型"战略部署，随后又颁布了《国务院关于加快发展现代职业教育的决定》和《现代职业教育体系建设规划（2014—2020年）》。地方高校转型发展的本质就是以服务地方经济发展为导向，从学术研究型的学校定位向应用技术型转变，从培养学术研究型人才向培养应用技能型人才转变。培养商务英语专业人才符合应用型人才培养目标，由此可见，商务英语本科专业的设立和快速发展与地方高校的转型发展是一致的。

二、商务专业建设与发展的主要思路

（一）明确学科定位与理论基础

学科定位决定人才培养目标，人才培养目标决定课程设置和教学模式。学术界对商务英语的界定和学科定位始终存在争议，而商务英语的内涵愈加丰富。根据王立非的定义，商务英语指在经济全球化的环境下，围绕贸易、投资开展的各类经济、公务和社会活动中所使用的语言，具体包括贸易、管理、金融、营销、旅游、新闻、法律等。学术界对商务英语的共识有以下几点：①商务英语是专门用途英语的一种变体；②商务英语是商务环境中应用的英语，该环境包括与商业相关的一切领域，如经济、管理、法律、政治、外交、媒体、社交等；③商务英语是一种专门化的语言，表现在商务英语词汇、句法和语义等方面；④商务英语研究在国际商务背景下使用英语的规律。可见，商务英语是一个新的应用型交叉学科。它是应用语言学与国际商务、国际贸易和世界经济等学科相交叉产生的新学科。与英语专业学生相比，商务英语专业学生具备专业商务基本理论、基础知识和业务技能；与国际商务学生相比，具有英语应用水平高、跨文化交际能力强、中外文化素养好、外国国情知识广的优势。

（二）从校本位出发，探索适合自己的人才培养模式

目前，国内商务英语本科人才培养模式大致有三种，①英语（商务方向）ESP拓展模式。依据《高等学校英语专业英语教学大纲》的建议设置课程，学时百分比总体为英语专业技能课程67%，英语专业知识课程15%，相关专业知识课程18%；BE教学限制在相关专业知识课程中。一二年级基础阶段为英语基础教学，开设听说读写分项技能训练课程；三四年级的少数课程进行ESP教学（外贸函电、国际贸易实务、金融英语等），且语言教学与商务知识在同一课程中的比例为6/4。弊端：GE教学阶段较长；BE语言技能训练不足；商务方向专业知识欠缺。②全英仿商科教育模式。在开设四年英语专业主干课程（不包含语言学和文学类课程）的同时，增加全英教学的经济/管理类课程。全英教学的经济/管理类课程占专业总学时的31.5%。用英语开设两个专业规定的主干课程。缺点：BE教学不足，商科专业方向课程难以深化；成本高，学生负担重；师资要求高，大部分地方本科院校无法做到。③商务英语专业学科课程模式。商务英语专业成为独立学科，不再纠缠于姓"商"还是姓"英"。依

据《高等学校商务英语专业本科教学要求（试行）》，BE 专业学制四年，颁发 BE 本科毕业证书，授予文学学士学位。基础阶段不再以（文史类）GE 技能训练为中心，而是采用商务主题教学法，以商务内容为依托，不再单纯开展英语技能教学，而是将听说读写的技能与商务专业知识相结合，开设综合商务英语、商务英语视听说、商务英语阅读、商务英语写作、商务英语翻译（口译、笔译）等课程。高年级在继续提高 BE 水平的同时，重点提高商务专业知识，选择性学习经济/管理类课程，提高跨文化交际能力。商务知识及商务技能占专业学时的 20%—30%，保证了商务类相关知识课程的相对系统性。比较三种模式的优劣，从学校和院系实际出发，我们认为第三种选择是可取的。

设置商务英语本科专业是郑州升达经贸管理学院谋求转型发展的必然选择，商务英语学科的快速发展与完善、升达学院的办学定位和办学特色、地方经济发展对商务英语人才的需求以及地方高校转型发展要求都为商务英语专业的设置奠定了理论和物质基础。如何通过课程群建设、在课程中嵌入职业资格证书核心课程、毕业论文的改革与创新、实习实训环节、师资队伍建设与转型、商务专业课程建设等途径，实现商务英语专业的人才培养目标，还需要进一步的探索和实践。

第五节 应用型本科院校商务英语专业学生"双创"能力培养

为提升商务英语专业学生所需具备的专业素养及创新创业能力，高校有必要对商务英语教学模式进行优化。在对"双创"背景下高校商务英语教学模式做出分析的基础上，针对当前高校商务英语专业教学模式中存在的问题提出改进建议，以期能够有效提高高校商务英语教学效果，并实现学生专业素养与创新创业能力的协同提升。

"大众创业、万众创新"号召的提出，对高校商务英语教学模式提出了更高的要求，在此背景下，商务英语专业教学工作者不仅需要关注学生专业素养的提升，而且需要关注学生创新创业能力的培养。为此，针对当前英语教学模式中存在的问题对教学模式的改进与优化路径做出探索，成了商务英语专业教学工作者面临的重要课题。

一、"双创"背景下的高校商务英语教学模式

商务英语作为高校英语教学中一门比较实用的学科，在提高学生语言交流能力、帮助学生走向社会、承担商务英语交流重任方面，有着极大的意义。并

且在教育事业大力鼓励增强学生的创新创业能力的背景之下，学生未来在创新创业领域，对于商务英语的应用会更加广泛。正是由于这一趋势的推进，许多高校已经意识到了改革商务英语教学模式的重要性，并且积极地开展教学模式改进工作。

（一）未能通过教学来激发大学生的创新创业意识

创新创业能力培养对于提升学生未来的就业竞争力有着极大的帮助，通过创新创业能力培养，可以让大学生在众多的竞争者中脱颖而出，有更多的机会展示自己的能力。目前，高校商务英语教学已经开始有意识地培养大学生的创新思维和创造能力，大学生的自主意识、创新意识较强。同时，对于创新创业也有一定了解，并且有着强烈的求知欲望，想要积极地去追寻创新创业领域的专业知识和能力。然而，由于高校在商务英语教学模式中的局限性，对于大学生的创新创业意识的挖掘还不够深入，很多大学生虽然自己有很好的想法，但不愿意及时地与教师或其他同学进行交流，也未能将其付诸到实践中去。另外，因为大学生对于商务英语专业知识的掌握不够充分，在实际交流中的应用不够熟练，也就无法运用自己的专业知识去解决实际中的问题。

（二）高校教育观念陈旧落后

在创新创业能力培养的大背景之下，高校的教育观念应当进行积极的转变，努力培养学生的创业精神和创新能力。这就需要在商务英语教学活动中突出学生的主体地位，鼓励学生积极地发散思维，将自己的创新性思想和建议表达出来，并与商务英语专业课程教学相结合，从而在培养大学生专业能力的同时，促进大学生创新创业能力的培养。然而，当前部分高校教师在开展商务英语课堂教学时，采用传统教学方式。在教学活动中，教师占据着主导地位，而学生只能跟着教师的节奏学习相关知识，不利于学生创新创业能力的培养。

（三）商务英语专业课未能与创新创业教学有效结合

在"双创"教育环境之下，商务英语专业课程的教学，应当融入创新创业能力培养中去，两者是不可分割的。但是由于高校还未能认清两者之间的关系，专业课程教学和创新创业能力培养依旧各为其政，未能良好地融合，这种相互分离的教学模式，使得实际的教学效果并不理想。一方面，商务英语专业课的教学，只是注重英语知识的教学，教学过程中并未体现出创新创业能力培养的元素，学生只能死板地学习英语知识，与未来投入社会开展创新创业活动脱离开来。另一方面，创新创业能力培养中没有突出商务英语专业课程的重要性。

而大学生在学习过程中，感受不到这种创新创业理论的实际可行性，对自身的创新创业能力提升信心不足，缺乏参与创新创业实践的勇气。

（四）缺乏良好的教学氛围

在商务英语教学活动中，教学情境的创设，有利于学生从更为真实的创新创业情境中，感受到浓厚的学习与创新氛围，从而激发学生对知识的渴求，刺激学生的创新思维，使其以更为活跃的思想意识，加入浓烈的学习氛围中去。但如今高校在商务英语教学过程中，教学氛围的营造不足，学生在学习的过程中，缺乏积极性，对于知识的学习提不起兴趣，不愿意主动地思考，这不但不利于商务英语专业知识的传授，也很难激发大学生的创新创业思想，无法提升学生的创新能力。

（五）考核机制与教学要求不符

为了加快"双创"背景下的商务英语教学效果的提升，尽快转变教学模式，高校应当制订与教学要求和教学目标相符合的考核机制。但当前高校还未能实现教学考核机制方面的完善。高校对于师生的教学考核依旧是看重最终的考试分数，对于大学生在运用商务英语进行交流方面的考核不足，并且也未能将提升大学生的创新创业能力加入考核的内容中，使得考核机制不利于教学目标的实现，无法发挥教学考核的引导和规范作用。

二、"双创"背景下高校商务英语教学模式改进建议

（一）创新商务英语教学理念

树立并且创新商务英语教学理念，是革新教学模式的基本要求，有助于教师改变以往教授词句、语法等基础知识的形式，注重学生整体英语交流能力的提升，并且将创新创业能力培养理念融入商务英语课程教学当中，让学生积极主动地参与平时的教学活动。同时，开展创新创业竞赛活动等，让学生通过解决创新创业中遇到的问题，切实提升创新创业思维活跃度，使其获得在实践中解决问题的能力。新的教学理念的指引，能够保证教师始终按照新时代双创背景之下的教学要求开展教学活动，以专业化的知识和教学经验，培养学生在创新创业实践中处理问题的能力。

（二）以"双创"教育为背景，完善高校商务英语课程体系

加强大学生创新创业能力的培养，商务英语教学已经不单单是一门课程的教学，为了实现创新创业教育和商务英语教学的融合，必须完善专业课程体系

的设置。要实现课程体系的完善，就必须选择合适的载体来实现商务英语教学内容的优化，将创新创业思想融入专业课教学中，将课程学习根据每个时期不同的教学目标划分为具体的学习领域，同时使不同学科之间相辅相成，实现综合性教学，将教学过程中的重点和难点进行总结，采用科学的手段教学。另外，课程设置还应当注重理论教学和实践教学要同时开展，以理论保障实践的开展，以实践来验证和完善理论。

（三）建立健全"双创"教育商务英语教学平台

现如今，信息技术的飞速发展，已经对教育教学工作产生了极为明显的影响，传统的商务英语教学模式已经不再适用于当前的教育要求。为了提高运用商务英语教学提升大学生创新创业能力的效率，实现商务英语教学模式的根本转变，高校应当建立以双创教育为支撑的商务英语教学平台。通过运用网络获取更多的资讯，并在教学平台上展示给学生，让学生自主地通过教学平台选择适合自己的学习内容。教学平台建立起来的实践环境，可以让学生将自己的创新创业设想通过虚拟的环境展示，并与其他师生积极地交流，互相借鉴、互相补充，既能够提升学生参与的积极性，又能够让学生学习到更多有用的知识。

（四）完善商务英语教学评价体系

确立评价体系的原则。首先，教学评价体系的构建应当遵循科学合理性原则。这一原则指的是高校在对商务英语教学效果进行评价时，应当真实、全面地反映学生在实际能力提升方面的情况。因此，在构建评价体系的时候，不能只凭构建人员的主观印象，而是要对教学过程中所涉及的每一项指标都进行合理的统计，按其重要程度设定不同的评估占比，从而为教学工作提供更为可靠的参考依据。其次，要遵循层次分明的原则，在创新创业教育背景之下，商务英语教学涉及内容、方式、结果等多个层次的指标。因此在构建教学评价体系的时候，应当针对教学中所涉及的这些方面，进行层次分明的考核，这样才能更为清晰地反映教学效果。最后，要遵循可操作性原则。教学评价体系如果设置得过于繁杂或者考核难度大，那么将会大大影响考核的效率，因此，构建教学评价体系必须考虑其可行性的问题，让教学评价更贴近事实，便利可行。

（五）评价体系构建过程

其一，要建立对商务英语教学师资队伍的考核体系，对当前教师的水平进行考量，从而保障教师具备一定的创新创业能力培养的技能，保障教学工作顺利开展。其二，要建立对教学内容进行考核的体系，监督教学内容是否符合教学目标的要求，是否有助于提高学生的实际专业能力和创新创业能力，教学课时是否合理，是否能够被学生接受等。其三，要建立对教学方法进行考核的体系，教学方法是否符合教学理念，是否有助于教学模式的更新，是否能够提高教学效率，都是考核过程中应当重点关注的内容。其四，要建立对教学效果进行考核的体系。其中包括，学生的商务英语专业技能是否能够得到提升，学生参与专业课程教学的积极性，学生创新创业能力的提升等。

（六）完善商务英语教学动态反馈机制

高校应当建立健全商务英语教学动态反馈机制，从而能让师生将教学中的实际情况及时、准确地反馈出来，并对教学中遇到的问题进行分析，找出合适的解决策略，同时，依据动态反馈机制，还能够检验教学评价体系中不合理的成分，从而进行适时的调整，让高校商务英语教学正常、有序开展。在动态反馈机制中，涉及的主体包括参与教学活动的教师和学生，以及负责教学评价的相关人员。在进行教学反馈时，学生可以选择向教师反馈自己在学习中遇到的问题，如商务英语专业知识的难点等；教师得到反馈之后，通过对学生进行合理的引导，帮助其解决问题。另外，教师也可以向学生进行教学方面的反馈，将自己在教学工作中总结出来的经验传授给学生，帮助学生掌握更为适合自己的学习方法，提升学生的学习效率。

"双创"背景下，陈旧的教学模式已经无法满足当前教学工作的需要，不利于实现培养大学生创新创业能力的目标。为了提高教学效率，将大学生培养成具备创新创业能力的高素质人才，高校商务英语的教学模式也应当根据当前教育工作的要求相应地改进。通过创新商务英语教学理念、完善课程体系、建立教学平台、构建教学评价体系、建立动态反馈机制等方式，从根本上实现教学模式的转变，最终实现培养大学生创新创业能力的目标。

第四章　成果导向理念下的商务英语专业教学体系构建

第一节　核心理念与基本框架

成果导向教育强调专业教学设计和教学实施以学生接受教育后最终取得的学习效果为导向，对标专业培养目标和培养规格设置课程、组织教学，并评价专业人才培养的有效性。由专业培养目标确定培养规格或毕业要求，对应知识、能力、素质的要求，构建教学体系和课程设置，即反向设计，正向支撑。

参照贺鸿莉对地方本科院校建构商务英语专业实践教学体系的建议，教学体系的基本框架（如图4-1-1）应该由五个子系统构成：目标体系、内容体系、管理体系、保障体系和评估体系。目标体系是先导，内容体系是核心，管理体系是调控，保障体系是前提，评价体系是反馈。内容体系就是课程体系，是实现人才培养目标的关键。所以，构建教学体系的关键就在于课程体系的建构。

依据《指南》，商务英语专业课程体系包括公共基础类课程、专业核心课程、专业方向课程、实践教学环节（含毕业论文）四个部分；实践教学环节涵盖实训、实践和实习，由专业教师和行业专家共同指导完成；专业实训在商务实训室等模拟仿真教学环境中进行；专业实践在第二课堂活动和涉外商务活动等课外环境中完成；专业实习在已签约或定点的校外实习基地集中实施或自主完成。实践教学环节归入实践教学体系，另外三个部分归入课堂教学体系。课堂教学和实践教学就构成了商务英语专业课程体系的"两翼"，前者是后者的基础，后者是前者的延伸和拓展。根据这样的逻辑关系，实践教学体系的构建须对应课堂教学的课程体系设置。《指南》中商务英语专业核心课程按四大模块设置：英语知识与技能模块、商务知识与技能模块、跨文化交际模块和人文素养模块。同时，《指南》还明确了课程设置方向（国际商务方向、国际贸易方向、国际会计方向、国际金融方向、跨境电商方向）。以跨境电商方向为例，必修课有国际商务导论、跨境电子商务概论、国际贸易、国际市场网络营销；选修课有应用统计学、跨境电子商务实践、跨境电商平台运营与管理等。与之对应，实践课程体系也应该由四个模块组成。但考虑到人文素养与跨文化交际在实践方面融合较为紧密，二者可以合并；另外添加创新创业能力模块，对应课程体系中只计学分不计学时的毕业论文、实习/实践等。

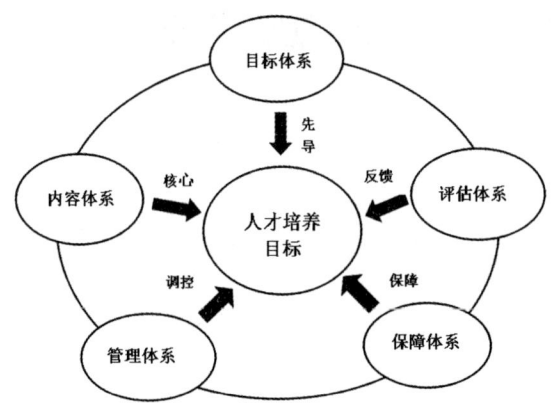

图 4-1-1　教学体系的基本框架

第二节　商务英语专业（跨境电商方向）课堂教学体系的构建与实践

一、课堂教学体系的构建依据

商务英语专业跨境电商课程体系创建应基于《国标》要求，以需求分析（人才需求、能力需求）为依据，兼顾行业、企业意见。商务英语专业标准是商务英语本科专业准入、建设和评价的依据。各高等学校依据本标准的要求，面向经济社会发展需求、区域和行业特点，确定办学定位和专业特色，制订本校的商务英语专业本科教学质量标准。

通过求职网站就跨境电商岗位及典型工作任务的描述，不难发现跨境电商人才需求主要有以下几个方面（如表 4-2-1 所示）。

与跨境电商岗位及典型工作对应，跨境电商人才应具备的专业能力涵盖（见图 4-2-1）：组织协调和合作能力、国际贸易进出口业务技能、办公自动化与职场技能、网络海外市场营销与客服技能、大数据管理与应用技能、跨境电子金融与结算技能、网站平台设计与内容维护技能、电商国际采购与物流管理能力、项目策划与实施能力。

图 4-2-1　商务英语跨境电商人才核心能力

这些能力可整合为以下四大类。①外语与跨文化沟通能力：听说读写译技能、与境外客户在线沟通和谈判、处理来往业务邮件和函电、用外语介绍产品细节、管理多语种网站和内容、了解多元文化差异和习俗、调研国内外市场行情。②外贸业务能力：熟练填制各种外贸单证，处理境外客户订单与贸易纠纷；积极开展网上交易，利用 EDI 通关、报检、退税，处理国际物流、国际保险、国际结算的相关业务。③电子商务能力：电子商务信息检索、搜集、制作与发布能力，产品与服务的市场营销、网络营销，小型电商系统的运营与维护，电商项目策划与管理，了解跨境电商的现状与趋势。④跨境网络营销能力：国际市场调研和预测、跨境网络策划、信息采集、大数据分析、海外市场推广、海外客户服务、客户咨询、满意度调查、投诉处理等。

表 4-2-1　跨境电商岗位与典型工作任务

工作岗位	典型工作任务分析
跨境电子商务专员	（1）负责公司电子商务平台的维护；（2）在商务平台上发布产品信息；（3）负责公司客户的开发与管理；（4）负责订单的下达与管理；（5）利用网络平台开发国际市场；（6）进行进出口业务操作
网络推广员	（1）通过电话、网络等方式开发市场；（2）根据行业及企业电子商务现状开展市场调研；（3）提出网站不同发展阶段的不同建议，并制订可行的推广策略和推广计划；（4）选择合适的工具和方法，实施网络推广
网页编辑与美化员	（1）网页编辑；（2）网页设计；（3）网页美化；（4）网页发布

续表

工作岗位	典型工作任务分析
商务平台运营员	（1）网站系统、功能、模块、流程的设计；（2）网站（页）模板设计；（3）网站图文信息编辑；（4）网站搜索引擎优化；（5）制订广告投放计划，对推广效果进行监控和优化；（6）商务平台运营状况分析、评估，提出优化建议
网络客服	（1）筛选、整理、归纳客户资料；（2）及时跟踪及处理客户反馈；（3）维护客户关系，促进满意度的提升。

二、商务英语跨境电商课堂教学课程模块

基于人才需求和能力分析，并依据《指南》，商务英语跨境电商课堂教学课程体系应围绕三个模块构建：英语知识与技能模块、商务知识与技能模块和跨文化交际与人文模块。英语知识与技能模块课程设置：综合商务英语、商务英语听说、商务英语阅读、商务英语写作、商务英语翻译、营销英语、会计英语等。商务知识与技能（跨境电商）模块课程设置：经济学基础、管理学导论、跨境电商概论、国际贸易实务、跨境电子结算等。跨文化交际与人文模块课程设置：跨文化商务交际、英语国家概况、英美文学选读、商业伦理、国际商法等。

三、教学方法的创新

①跨境电商课程分类教学模式，即语言类课程多采用交际法、认知法、任务驱动法、主题内容法；跨境电商英语课程与跨文化课程多采用情境体验法、体裁教学法和案例教学法；跨境电商课程采用研讨式教学法和问题导向法。

情境体验法：通过设计一种具体的国际商务情境，让学生扮演某个具体的国际商务从业者角色，身临其境来处理所面对的国际商务业务。在这一过程中，学习者亲自实践，运用英语知识分析与解决所面对的商务问题，从而深刻理解各个操作步骤和流程，达到语言、商务技能等共同提高的目标。体裁教学法：把体裁和体裁分析理论运用到课堂教学中去，让学习者分清各类体裁，识别各类体裁的功能、修辞结构和语言特征，围绕语篇的图式结构开展教学活动。案例教学法：案例在理论与实务间起到媒介与桥梁的作用。教师将案例作为讲课的题材，将案例的具体事实作为讨论的依据，通过师生互动、生生互动和独立探索来分析和探讨案例事件的发展过程和原因。研讨式教学法：研讨是在大学里，小组学习者在教师的指导下就某专题进行研究或讨论。研讨式教学法的目的在于为学习者提供探究问题的机会，培养学习者的研究能力。在商务类课程

教学中，研讨式教学法培养和训练学习者的研究能力。问题导向法——"问题导向式"教学，即在课堂教学中以"问题"为主线，贯穿课堂始终。在教师的引领下，学习者从不同的方向敏锐地发现问题，准确、严谨地提出问题，周密地设计解决问题的方案，不断地解决问题，继而再提出新问题。

② O2O 模块化移动课堂：每个教学模块均包含"课堂理论教学"与"移动课堂实践"两个环节，通过两种课堂的融合，促使学生的跨境电商知识与实践接轨，拓展学生的专业视野，提高跨境电商技能。

③ "四位一体"的"多方联动"教学法（如图 4-2-2 所示）：以培养学习者的跨境电商技能、综合素质为目标核心，连接、调整和整合教师、课堂、实验室、授课对象、课外项目、企业等各方，发挥各方策动力，形成完整和谐的多方一体、互相联动的教学模式。"四位"是指跨境电商知识、跨境电商能力、跨境电商技能、跨境电商素质。"多方"是指跨境电商教学中的教师、课堂、企业以及学校等多方的整合和联动。

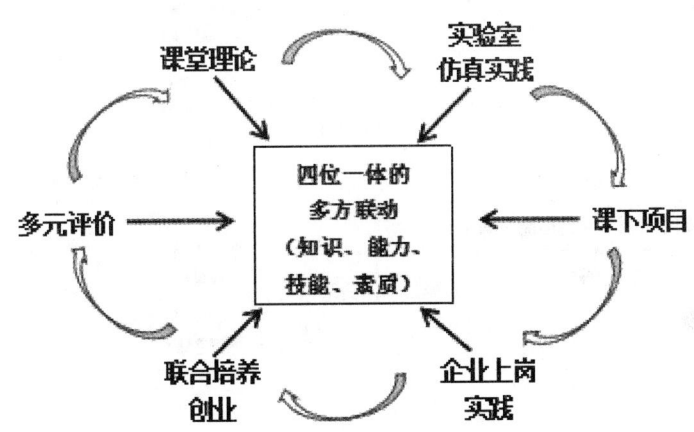

图 4-2-2 "四位一体"的"多方联动"教学法

④课证结合教学法：课程设置与职业考试相对应，课程教材与考证教材相一致。学生通过课程学习即可直接参加相关证书考试。

⑤跨境电商教学评价模式：多元评价。

⑥跨境电商毕业设计：论文＋设计（商务报告/调研报告）。既可以写论文，涵盖商务英语教学、商务英语语言学、商务跨文化交际、商务英汉翻译理论与实践，也可以做设计，如商务报告（商业企划书、营销创意方案、商业案例报告）或调研报告（行业调研报告、市场调研报告）。

第三节　商务英语专业（跨境电商方向）实践教学体系的构建与实践

一、实践教学体系的构建

基于核心理念和基本框架，采取校内和校外、集中和分散相结合的形式，以校内的语言、口笔译实验室，跨境电商实训室，校外的实习基地为依托，充分挖掘第二课堂的潜力，在仿真或真实的训练环境中，开设英语应用能力、商务实践能力（突出跨境电商方向）、跨文化交际能力、创新创业能力四大模块（参见图4-3-1），通过认知实习、模拟实训、专业实践、毕业实习、社会实践等，在四年里不间断地组织学生进行形式多样的商务英语实践活动。

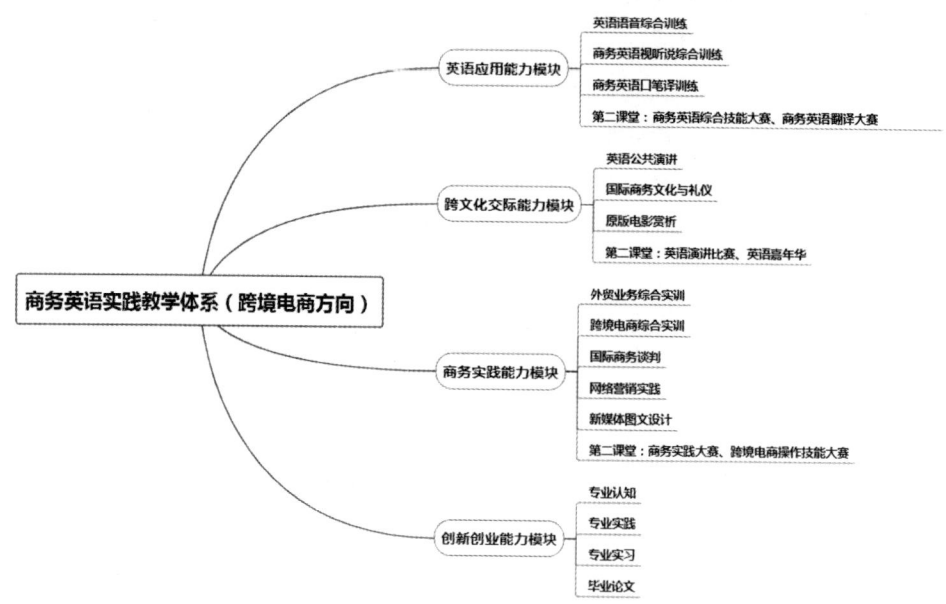

图 4-3-1　商务英语实践教学体系

（一）英语应用能力模块

作为英语类专业之一，商务英语专业首先要强调扎实的英语基本功，具体还是要落实到听、说、读、写、译的语言技能上。初步确定基础阶段的教学模式：大一听说领先，大二读写跟上。到了高年级，加强商务英语口笔译训练和商务英语写作训练。与此同时，开展英语词汇拼写比赛、英语配音秀、商务英语翻译大赛等第二课堂活动。

（二）商务实践能力模块

商务实践技能是学生从事国际商务活动的基础。根据跨境电商方向商务知识课程的设置情况，结合用人单位对跨境电商人才的能力需求，依托商务实训室和跨境电商实训室，在模拟的商务情景中进行商务综合技能训练，例如，外贸业务综合实训、跨境电商综合实训、网络营销实践、新媒体图文设计等。在此基础上，积极举办商务实践大赛、跨境电商操作技能大赛等，进一步促进学生商务实践能力（包括量化思维能力）的提升。

（三）跨文化交际能力模块

在商务环境下运用英语进行有效交流、写作和会话的能力实际上是一种跨文化交际能力。在这一模块，与课堂教学所设置的跨文化商务交际及人文素养类课程对应，实践类课程及活动主要包括英语公共演讲、原版电影赏析、英语演讲比赛和英语嘉年华等项目，培养学生的跨文化交际能力。

（四）创新创业能力模块

主要包括学生的专业认知、专业实践、专业实习和毕业论文。力争每个学年都要设计实习实践活动，从基础阶段的专业认知到高年级的专业实习，改善学生对相关商务课程的能动需求，加深对所学商务知识的理解。

二、实践教学的具体实施

①倡导内容教学理念，即强调商务环境下的语言技能训练，同时加大商务知识与实践课程的课时比例，保证商务知识及商务技能课程的相对系统性。教师应贯彻自主学习理论下的商务英语实践课教学原则，创造丰富多彩的实践活动主题和内容，由学生自主确定相应的主题实践项目，以团队、公司和组织为单位进行英语活动和工作。教学方法为沉浸式教学法、合作学习法、项目教学法、任务教学法等。

②以学分为纽带，将实践环节贯穿整个人才培养过程。即不同形式和要求的实习实践必须贯穿商务英语专业四年的课程体系，与难度、专业性都逐渐递增的英语、商务知识类课程群实现互动。余建耀研究发现，实习是改善学生相关商务课程即时需求的关键，社会实践能够促成学生选课的能动性，加深学生对商务知识课程的理解，甚至"倒逼"课程变革。同时，务必将各种形式的实习、实践活动与实训课程共同体现在人才培养方案中，并全部纳入学分制管理体系，从而调动学生参与实习、实践的积极性和自主性。

③促进英语教师的转型发展。商务英语专业从根本上讲是围绕英语学科拓展发展空间,英语始终是主线。因此,要依靠青年教师的深入自修及通过教学团队的引领带动,促进商务实践能力、跨文化商务沟通能力的提升,从而真正提高英语与商务复合的教学能力,向"双师型"教师目标靠拢。

④将企业引入校园,形成校、企、协会共同参与的应用型人才培养的生态模式。在注重校内实训室建设、实践教学条件完善的同时,还要拓展校外实习基地,努力提高实习质量。一方面,邀请企业的专家担任商务英语实践教学的导师;另一方面,校外实训基地也接纳商务英语专业实习生,使其在真实的商务环境下培养英语表达能力和商务实践能力,从而真正做到互惠互利。以郑州升达经贸管理学院为例,目前商务英语专业的实习基地主要有四家单位,两家为跨境电商平台,分别是上海派道网络科技有限公司和郑州易赛诺信息技术有限公司;一家为主营大型矿山机械设备的电子商务有限公司,即河南中跃达电子商务有限公司;一家为跨境电商行业协会,即拥有160多家电商企业的河南省国际贸易网商协会。三种不同类型的合作企业及协会,构建了应用型跨境电商人才培养的生态模式。即依托跨境电商实训室,依靠跨境电商平台培养商务英语专业学生的跨境电商业务操作基本技能,依靠电子商务公司的产品进行真实的业务练习,由行业和培训平台对培养合格的人才进行共同的认证,对通过认证的人才最后由行业协会的企业予以接收,从而打造跨境电商人才"学习有平台、实践有产品、就业有出口"的良好生态循环,真正实现学校和企业的双赢和共同发展。

第五章 应用型本科院校商务英语专业课程教学改革与实践

第一节 应用型本科院校商务英语专业课程设置需求

构建特色的商务英语专业课程体系是地方新建本科院校培养应用型商务英语人才的关键。研究以需求分析理论为基础，对用人单位、商务英语专业学生和教师三方展开问卷调查，旨在了解学生需求和社会需求。调查结果表明，目前的商务英语课程设置不能完全满足学习者需求和社会需求，笔者针对需求分析结果提出了改进建议。

地方新建本科院校是我国高等教育体系的重要组成部分。根据教育部提出的"宽口径、厚基础、重实践、高素质"的本科人才培养要求，普通本科院校应着眼于地方经济和社会发展的需要，以培养具有社会主义市场经济适应力和竞争力的外向型、复合型、应用型人才为目标。与一般本科院校相比，地方新建本科院校有其特殊性：一方面这些院校具有高职高专的办学历史，积累了一定的实用型人才培养经验，与地方政府有着比较密切的联系；另一方面，由于受到区域经济发展的制约，它们在基础设施、教学条件、师资队伍、学术研究、技术创新等方面都难以与部属重点高校和省属老牌高校相比。因此，地方新建本科院校应明确服务方向和人才培养定位，力求人才培养层次与自身实际及社会需求相符合。

商务英语作为ESP（专门用途英语）的一个重要分支，近年来在全国高校迅速发展成一门独立的新兴专业。商务英语人才培养方案的核心是构建特色的专业课程体系。目前的课程设置是否考虑到该专业的特殊性和需求分析的重要性？课程的培养目标、教学理念和教学模式能否促进教学质量和毕业生就业质量的提高？针对上述问题，笔者展开了对商务英语专业课程设置的调查。

一、需求分析理论

需求分析是系统化的课程设置的起点和基础,是确保 ESP 课程教学效果的先决条件;了解学习者的学习需求和目标工作场景对语言技能的实际需求是 ESP 课程设置的基础。作为不同需求分析理论的体现,需求分析模型经历了目标情境分析(TSA)、目前情境分析(PSA)、哈钦森和沃斯特的需求分析模型以及达德利·埃文斯和圣约翰的需求分析模型四个发展阶段。达德利·埃文斯和圣约翰综合了不同需求分析模型的特点,从学生作为个体、语言使用者、语言学习者的不同视角出发,从学习者的个人信息、专业信息、目前情境中的语言信息、目标情境中的语言交流信息、语言学习需求、课程需求、欠缺等七个方面将需求分析细化为目标情境分析、学习情境分析及现状情境分析,很大程度上减少了课程设计与实施的随意性,是迄今为止外语需求分析最新、最完善的理念。

二、研究设计

研究拟解决下列三个问题。①商务英语专业学习者的需求是什么?②用人单位对商务英语毕业生的要求有哪些?③现有的商务英语课程设置能否满足上述需求?如不能,应如何改进?

调查以甘肃省 3 所新建本科院校的 220 名商务英语专业学生、30 位教师和国内 30 家用人单位为研究对象,将定量研究和定性研究相结合,以问卷调查为主要方法,以达德利·埃文斯和圣约翰的需求分析模型为理论基础,设计了学生问卷(问卷 1)、教师问卷(问卷 2)和用人单位问卷(问卷 3)。学生问卷涉及学习动机,对商务英语课程的态度,现有的英语水平,对课程的期望,对"欠缺"的自我认识,对教师、教材、教法、测试以及学习条件的建议。教师问卷包括教学背景,对现有商务英语课程设置的态度,对学生综合能力、"欠缺"的评价,对新的教学要求以及教材、教法、测试的意见和看法。用人单位问卷旨在了解目标岗位主要的交际活动、对商务英语毕业生语言水平的要求、对毕业生能力的评价以及对高校商务英语课程设置的建议。问卷回收率分别为 88.7%、100%、100%。

三、研究结果

①学习者的个人信息。主要指学习者的学习经历、学习动机等。调查结果显示,甘肃省新建本科院校学生英语基础较为薄弱,六成以上学生(65.8%)

的英语高考成绩徘徊于及格线（90分～109分）；学生对专业的选择具有较大随意性和盲目性，缺乏内部学习动机。

②对现有商务英语课程设置的态度。调查分别从用人单位、学生、教师三方视角展开。93.3%的用人单位认为现行的商务英语专业课程设置无法完全满足社会需求。六成以上（62.4%）的学生表示现行的课程体系对专业知识的掌握及应用能力的培养无显著的促进作用；反映出的问题主要集中在课程群的比例以及语言课程和技能课程的比重方面。教师问卷调查结果与上述发现基本一致，九成以上（91.6%）教师承认现行的课程体系与社会需求存在一定的差距。

③学习者的专业信息。从用人单位视角出发获取与目标情境相关的交际活动及对商务英语毕业生的具体要求。根据用人单位的反馈，目前商务英语专业毕业生主要担任外贸业务员（46.67%）和行政助理（16.67%）。目标岗位中使用频率较高的英语交际活动分别是接打电话及收发邮件（21.8%）、阅读文件（19.1%）、业务洽谈（18.2%）；目标岗位中使用频率较高的语言基本技能是说（33.3%）和写（33.3%），其次为读（16.7%）、译（13.3%）、听（3.3%）。但近五成（43.4%）单位表示毕业生在语言学习和语言运用能力方面存在较大差距。

从调查结果总体来看，用人单位更注重学生综合素质的培养。参照新的教学要求对商务英语课程体系四种能力培养的规定，用人单位认为语言运用能力是衡量商务英语毕业生的首要标准，其次依次为商务知识与技能、跨文化交际能力和人文素养。至于如何衡量语言水平，用人单位表示一定程度上可通过证书等硬性指标侧面反映，超过半数（53.3%）的单位认为应取得相关的职业资格证。结果同时显示，用人单位的性质决定了其对语言水平衡量标准的差异，如国企、事业单位门槛较高，中小私营企业更看重员工的实际操作能力。此外，用人单位对商务英语毕业生提出了具体要求：如强化语言运用能力；注重英文写作的实用性；熟悉行业用语，涉猎财经、营销、管理等相关学科知识；培养学生的跨文化意识和人文素养；重视处理人际关系的能力，获取资源、信息的能力，系统看待事物的能力和运用技术的能力等。

④学习者的语言信息。学生现有的语言水平也不尽如人意。截止到第四学期末，大学英语四级、六级的通过率分别为55.6%和13%；仅有不到两成的学生（14.4%）考取了商务英语、涉外秘书等职业资格证书。调查结果显示，学生普遍将大学英语六级证书作为语言学习目标，而非商务英语证书等职业资格证，这多半出于对考试普及程度、考试费用等因素的考虑。总之，学生现有语言水平与目标语言水平存在着较大差距。

⑤学习者的"欠缺"。用人单位认为毕业生较为欠缺的分别是实践能力（80%）、人际沟通能力（46.7%）和商务知识（33.3%），其次是语言应用能力、自我学习能力。在英语语言技能方面，近七成（66.7%）单位表示听力技能急需加强。问卷1结果显示，六成以上（60.8%）的学生对该专业学习目标和学习意义较为茫然，普遍缺乏对商务英语学科知识和专业发展的了解。商务知识及技能（88.7%）与跨文化交际能力（88.2%）较为薄弱，绝大多数学生（92%）主要依赖课堂学习，自学能力欠缺，教师问卷结果基本与学生自我认识相吻合。

⑥学习者对课程的需求。按需求程度排序分别为商务知识与技能、语言知识及技能（口语）、灵活的人际沟通能力、国际商务文化、创新精神及人文素养等。此外，学习者对教师、教材、教法、教学条件等也提出建议，如聘请有行业实践背景的教师；教学注重实践技能的培养；加强教材内容的时效性；完善和改革测试内容；加大对自主学习平台的使用等。

四、讨论及建议

教育部针对普通本科高校办学存在的问题，提出教育的重心应从"学历教育本位"转移到"能力教育本位"上来，在人才培养的价值取向上应从"适应现在"转向"既适应现在又适应未来"，从"满足就业需要"转向"既满足就业需要又重视创新意识和创造能力的培养"。可以说，地方新建本科院校应遵循应用型人才的培养目标定位，增强专业设置的针对性和适应性，在调查和分析社会对人才需求状况的基础上，按照岗位需要设置专业、制订人才培养方案、调整课程体系。针对上述需求，笔者建议从以下几个方面改进。

调整课程结构，强化应用能力。建立模块化的商务英语专业课程体系，包括专业基础模块、专业技能模块和文化素质模块，分别以培养学生的职业基本能力、职业核心能力及职业拓展能力为目标。针对目前商务英语专业课程设置存在的以语言知识技能为主导、商务类必修课比重偏低、对跨文化能力及人文类课程的重视程度不够等问题，笔者建议加大专业技能模块中商务技能课程的比重，语言类课程应注重加强口语、写作教学的实用性和真实性，重视人文素养的培养，教学重心应从单纯注重知识转向注重素质教育和能力教育。

强化实践教学，培养创新能力。教学内容应与职业能力紧密相关，语言类课程和商务类课程都应注重目标岗位的需求，加大应用能力培养力度，构建课堂训练、校内实训及校外实习与创新实践相结合的实践教学体系。改革传统的商务英语教学模式，运用交际教学、任务教学、情景教学、案例教学、项目教学等方法，鼓励学生主动获取知识、运用知识、分析问题、提出见解；以项目驱动法开展实训教学,将理论与实践、课程与岗位技能相结合,培养学生更新、迁移、内化知识的能力,以适应职业转换以及持续发展的需要。

重视教学监控,着眼于市场需求。将教学目标监控、教学过程监控和教学效果监控三者相结合,进行市场需求调查及毕业生质量跟踪,科学合理地确定人才培养目标,及时调整与更新课程体系。考核形式力求"三结合",即学校考核和企业考核相结合、形成性评价和终结性评价相结合、课程考核与职业认证相结合,实现校企零距离。着眼于市场需求,培养适应地方经济建设需求的实用型、技能型人才。

当然,课程设置必然会受到地域环境、师资水平、实训基地等软硬件条件的制约,如何做到既能满足当地经济的发展需要、又能适应学生的个人发展需要,仍有待我们进行深入探讨。新建本科院校只有立足自身的办学条件和实际,重视需求分析的导向作用,因校制宜构建特色的专业课程体系,才能增强商务英语人才的社会竞争力。

第二节 成果导向理念与"金课"标准

成果导向教育(OBE)是一种基于学习成果或者以结果为导向的教育理念,由美国学者提出,此后在美国、英国、澳大利亚等国家得到了广泛的重视和应用。美国工程与技术教育认证协会(ABET)全面接受了OBE的理念。OBE的理念在我国的推广和实践始于教育部在2006年开始对工程教育进行认证,继而将"以学生为本,以学习效果为目标"的教育理念推广至其他学科领域。而随着专业国家标准的陆续出台,专业认证、评估将是下一轮教学质量评估的重点。成果导向教育理念强调以学生的预期学习成果为核心,反向设计学校、教师的课程和教学设计以及对学生学习成果的评估。不同于传统的教学设计,反向设计从需求开始,由需求决定培养目标,即对毕业生在毕业后5年左右能够达到的职业和专业成就的总体描述,再由培养目标决定毕业要求,然后根据毕业要求确定毕业要求指标点,再根据指标点确定课程体系、教学要求和教学内容。所以该理念与"金课"(一般指一流课程)建设标准是一致的,可以深度结合。

商务英语"金课"建设标准秉承"两性一度"的原则。"高阶性"指知识能力素质有机融合,培养学生解决复杂问题的综合能力和高级思维;"创新性"指课程内容反映前沿性和时代性,教学形式体现先进性和互动性,学习结果具有研究性和个性化;"挑战度"指课程有一定难度,对老师备课和学生课下学习有更高要求。

2020年4月5日，王立非教授为广大商务英语教师做题为《商英"金课"建设重点》的报告，报告中提出了商英"金课"的"六性"与"六度"，对于商英"金课"怎么教，提出了指导性意见。

商英"金课"的"六性"：课程思政性、能力导向性、思辨创新性、知识复合性、实践实务性和人文通识性。金课育人，培养学生理解和遵守商业道德与伦理，了解中外商务礼仪和优秀商业文化，熟悉中外商务规则和惯例，自觉养成诚信意识、敬业与合作精神、服务意识、创新意识、品牌意识、风险意识、沟通意识、资源意识、环保意识等。能力导向，建设四类金课群：英语能力金课群（综合商务英语、商务英语谈判）、跨文化能力金课群（跨文化交际理论、实践）、思辨能力金课群（经济学导论、管理学基础）、实务能力金课群（国际贸易实务、国际营销实务）。

知识复合性是"金课"教学的重中之重。第一，既教语言又教商务，牢固树立商务即文化的理念，文商相长，文商相通，逐步培养学生形成复合型知识结构和知识体系。第二，经济学是学科思辨的方法论，要作为重点，其他商务知识类"金课"重在学习基础知识和基本理论要点，突出本体知识框架的完整性和体系性，简明扼要，兼顾学生未来发展需求。第三，全英文商务知识教学对师生都有挑战度，坚持用英语理解和吸收商务知识，学以致用，提倡"金课"引领的复合型商务英语教师培养，根据国际贸易、国际金融、涉外财务管理、跨境电子商务、国际旅游管理等特色方向建设的需要，培养合格的复合型教师。

商英专业"金课"的"六度"：语言强化度、技术混合度、模拟实战度、校企联合度、论文创新度和案例丰富度。

第三节　应用型本科院校商务英语专业"金课"建设与实践

基于商英专业"金课"建设标准和成果导向教育理念，本研究选取三门课程进行"金课"建设探索，分别是高级商务英语阅读混合式"金课"（英语能力金课群）、商务知识导读线下"金课"（思辨能力金课群）和国际贸易实务线下"金课"（实务能力金课群）。

一、高级商务英语阅读

（一）课程简介

高级商务英语阅读属于商务英语专业高年级阶段课程。该课程设置在商务英语专业本科教学提高阶段的第三年，旨在训练学生的英语综合技能和逻辑思维，通过引导学生阅读和分析商务多个领域的语篇材料，扩大学生的商务知识面，加深学生对社会和人生的理解，培养学生的语篇鉴赏能力、逻辑思维能力和写作能力；同时也旨在指导学生将商务知识运用于实践，提高学生分析、解决问题的能力。该课程使用外语教学并采用《高级综合商务英语》这本教材。教材在提高分析能力、鉴赏能力、口头表达沟通能力以及书面表达能力的基础上，基于职场工作的真实需求，强调综合技能的提高，提倡教学组织和学习活动以双技能为导向，增强学生的双技能转化能力；强调在语篇欣赏的基础之上，着力培养学生的逻辑思辨能力；强调提高学生从事商务实际操作的应变能力，从而增强学生的就业竞争力；在语篇教学基础上培养学生广阔的世界观、积极的人生观和健康的价值观，使学生真正成为我国新时代所需要的商务英语专门人才。

（二）课程设计

成果导向理念的内化。为了使教材更贴合实际的教学需要，在制订教学计划时，教师根据本专业的人才培养方案和课程教学大纲，选取了跨国贸易、中国经济发展的内外环境、金融体系与投资市场、企业管理、人力资源管理、企业创新、企业家精神、商业相关法律问题、商业伦理和商务谈判、娱乐产业、营销策略12个大主题，每一单元的内容包括主题讨论、语篇分析与欣赏、测试与运用。

具体来讲，本课程的每一单元，均从知识、技能、思想意识三方面确定教学目标。"知识"包括掌握本单元生词及词组，特别是商务专业词汇，并能够熟练使用其词性和词义；理解语篇文体特点、篇章结构、段落大意及写作手法。"技能"是指能够将本单元所学的词汇、词组、修辞运用于输出（口头表达和写作）；能够对该单元的重点商务知识在实践中加以应用。"思想意识"包括了与该单元主题相关的思想政治内容和国际视野、辩证思维等方面。

本课程的授课对象是大三的学生，经过前两年对英语语言基本功的锤炼和对自主学习能力、资料查找和筛选及应用能力的培养，学生已经具备了一定的英语综合运用能力，因此在该课程教学过程中采用整体语言教学法的思路，整体输入，整体输出，以语言的综合运用和直接的交流完成教学过程。同时该课程作为商务英语综合课程，每一单元有一个商务主题，学生在英语交流的环境中学习商务知识和技能，在商务主题和情景中锤炼语言知识和技能，学习的过程也是实践新知并将新知在商务情景中加以应用的过程。如此做学用合一的教学思想可有效地使学生在实践过程中盘活所学知识和技能，并与学生相互协作，交流思想，互相学习，互相评价。在具体教学模式上，主要是多媒体课堂教学辅以超星教学平台和微信群等线上教学形式，以确保更有效率更有效果地展开教学。

在阶段测试方式上，平时成绩占40%（包括书面作业、非书面作业、课堂表现），卷面成绩占60%。虽然平时成绩已经包含了一些书面所无法检测到的能力，但是本着做学用合一的指导思想，在测试内容上教师特别在基本的词汇、阅读、翻译、写作题型之外，设置了商务知识与案例分析的题目，考查学生在对商务知识理解的基础上将其运用于真实商务情景的能力。如：学生学习了电影的市场分析，考试中就要求学生对于即将在美国上映的电影《花木兰》进行北美市场商业表现的分析性预测；学习了中国改革开放以来的经济策略，学生被要求根据中国改革开放四十年来外贸出口动态发展图表分析这一变化的主要原因。这一测试形式，使知识在学生的头脑中不再是扁平的文字，而是用来分析问题的工具。

（三）亮点：知识、能力和意识的有机融合

具体到教学中的操作，以创意与创新（Creativity and Innovation）一单元为例，首先从知识、技能、思想意识三个方面明确了教学目标。①知识：掌握本单元生词及词组，并能够熟练使用其词性和词义；理解语篇文体特点、篇章结构、段落大意及写作手法；了解创意对广告的重要意义；理解"异态混搭"的含义。②能力：能够将本单元所学的词汇、词组、修辞运用于输出（口头表达和写作）；能够将"异态混搭"的方法在实践中加以应用。③思想意识：认识到创意和创新是一个品牌维持生机和活力的要素之一，特别是在当今的"后现代"社会，人们对传统的市场推广方式已厌倦，只有活力品牌才可能获得消费者的青睐；要铭记任何创新的产品和服务必须要考虑到社会可行性，切不可为了市场为了利益放弃企业的社会责任。

然后确定教学重点和难点。包括创意产品要遵循的消费者需求、技术可能性、市场可行性和社会可行性四个方面。该单元的难点在于课文关于"后现代的创新渴望"的分析涉及了工业史、科技史、思想史、哲学发展史等学科领域的知识，如理性主义、存在主义、弗洛伊德的创造力与无意识等概念和思想，而如果不帮助学生理解相关的主张和批判以及对社会群体意识的影响，就无法实现对课文的深入理解。考虑到学生在对概念不甚了解的情况下搜集资料会导致效率不高，教师应为学生提供难度适当的介绍性文章和视频资料供学生课前预习。在学习了异态混搭这一概念后，要求学生去寻找此类产品，并点评是否成功。在学习完课文之后，有一个创新小活动。教师准备了两组卡片，一组是学生熟悉的产品大类，如 clothes、ice creams、cosmetics、toys 等，另一组是任意的一些物品，如 keys、trees、pencils。学生盲选，然后根据拿到的两张卡片进行产品的创意设计。学生作业中有 20 世纪 80 年代复古风的钥匙首饰，买 T 恤就捐出一块钱用于植树并可得到贴纸贴在 T 恤上作为植树记录，等等，这足以证明学生理解了"异态混搭"的概念并能够初步地运用于产品的设计中。在单元测试时，教师提供了几组产品，要求学生从创意产品要遵循的消费者需求、技术可能性、市场可行性和社会可行性四个方面来分析该产品的市场前景和认可度。最后还要特别向学生强调不少商家所忽视的社会可行性这一方面，即教学目标中"思想意识"这一方面所提到的，切不可为了市场为了利益放弃企业的社会责任，不顾伦理道德的底线。

（四）教学反思

吴岩司长提出的"两性一度"的"金课"标准，具体到教学实践，要根据校情、学情合理设计，而不是为了"金课"而"金课"。高级商务英语阅读课程的授课对象接受过的商务相关课程极为有限，因此该课程的主要难点是教材中涉及的商务知识和技能的处理。而商务知识和技能的学习是为了使学生能够学以致用，为他们将来踏入职场做准备，因此采用了做学用合一的教学思想。

二、商务知识导读

（一）课程简介

商务知识导读（以下简称导读）课程是商务英语专业的专业基础课程，其知识性和通识性较强，课程涵盖的需要了解、理解、识记及应用的知识既多又广，本课程教学团队针对怎样调动学生学习的积极性和主动性，以及将偏重理论的知识性课程与实践相结合，打造商务英语专业"金课"开展了积极探索。

导读课程的教学目标是通过相关的商务背景知识学习，帮助学生扩大商务知识面，了解中西方商务文化的差异，加深对商务英语概念的理解，并掌握主要商务词汇和常用术语，全面提高听、说、读、写、译五个方面的能力。本课程主要内容包括公司结构和文化介绍、工作描述和工作方式、销售与品牌、工作表现与公司福利、商务沟通与旅行、人力资源、会计和金融、公司发展、电子商务、社会责任与企业道德 10 个方面。本课程的主要任务有两个：一是通过商务概念的讲解和相关商务资料的阅读训练，帮助学生获得西方商务文化信息，了解中西方商务文化的差异，掌握主要的商务词汇及相关术语；二是通过组织课堂展示活动，培养学生的自主学习能力，以更好地学习商务英语知识。

（二）课程设计

导读课程首先要教授的是关于公司结构的知识，掌握公司结构的相关理论是商务英语专业学习的基础，更是本课程展开的前提。单纯的公司组织结构介绍、名词解释分析，不足以让学生充分认识他们并不了解的商务世界。因此，学生团队在导读课程中领取的第一个任务就是组建公司，并在学习了解公司结构的基础上，根据团队成员的意愿和特点，自行任命公司各主要部门高管。公司经营范围由各个团队自拟，本着服务于河南本地的教学理念，本教学团队参考了近年来河南省的进出口实际情况以及地方政府的政策导向，提出一些关于公司的经营范围的建议供学生参考，建议如下：假发公司（如河南瑞贝卡集团有限公司）、汽车公司（如郑州宇通客车有限公司）、中国特色产品公司（如新明珠陶瓷有限公司）、物流公司（如顺丰速运有限公司）以及河南特色农副产品公司（如好想你枣业股份有限公司）等。

为了完成组建公司的任务，各个团队不能局限于课本知识的学习，他们必须查阅大量的相关资料，只有在掌握一定信息的基础上，才能做出最终决策。为了更好地完成任务，并为今后的学习实践打下良好的基础，学生们自然而然地开始主动学习、掌握并运用相关知识，如公司的类型、公司的基本组成部门、各个部门的主要职能（包括人力资源、财务管理、产品研发、市场开拓等）。这种组建公司的过程就是模拟创业的过程，团队成员志同道合，为了同一目标共同努力，由于团队成员的知识面、学习背景、实操能力等各不相同，大家在团结合作的同时，必须各司其职。因此，公司的经营范围确定之后，各个学生团队就成了各个模拟公司，接下来就是确定公司的各个主要部门和部门负责人。

各个模拟公司开业后首先要进行的就是公司推介，推介以国际商务展会为目标环境，要求各个公司对本公司进行全面介绍，主要内容包括经营范围、企业宗旨、核心价值观、企业仪式、着装要求、公司形象、宣传口号、企业制度、公司高管及其分工等。为了锻炼学生的英语应用能力，培养学生的职场意识，对于各公司的商务推介要求运用 PPT 辅助，图文并茂、中英对照、全英解说，还要求各公司定制自己的职业套装，课堂展示时高管着公司正装，佩戴名牌上场。该任务在教师课堂讲解的基础上开展，教师指导学生边学边做，边做边学，把看到的、听到的、想到的、查到的结合起来。

该任务发布前，本教学团队充分考量了学生在完成任务过程中可能涉及的一系列相关问题。第一，要根据学习阶段的推进逐层加大实践任务的难易程度；第二，学生现有的知识储备中哪些与任务相关，在完成任务的过程中哪些能力可以得到锻炼和提升；第三，除了完成任务后的加分，不同的任务吸引学生的兴趣点在哪里，如何强化该兴趣点以促使学生在任务中加大投入；第四，任务中的哪些内容需要团队成员分工完成，哪些需要合作完成，哪些需要相互学习，哪些需要共同探讨后进行；第五，任务与实践的关联是什么，如何帮助学生认识到该联系点并为之努力；第六，完成任务后的能力检测等。

导读课程开设在商务英语专业的第六学期，经过两年的英语专业基础课程学习，学生已经打下了较为夯实的英语基础。导读课程的教学重点就由英语语言教学转为英语语言运用，教师在课堂上着重引导学生运用自己的英语语言知识和技能开展商务活动。各个公司在确定经营范围、拟定企业文化、规划未来发展的过程中，世界五百强企业都可以作为学生参考和学习的对象。在学习了公司组织结构的基础上，导读课程即将对工作描述展开教学。针对工作描述的学习和实践，教师发布了第二个团队任务，即各位公司高管根据自己职位的工作描述制订未来三个月到半年的工作计划。工作计划建议涵盖如下内容：简要介绍各自的工作；陈述选择该职位的原因或理由；制订具体的工作计划，要求明确时间节点；制订团队建设计划，包括各部门的团建和公司总体团建；明确工作目标；拟定各自的晋升目标等。要完成上述任务，学生首先要在教师教学的基础上吃透教材，并根据要求查找整理相关资料，结合自身了解到的各方面信息，提前对自己的未来职场进行规划。完成该任务可以引起学生的思考，帮助学生明确自己的职业发展方向，促使身处象牙塔内的学生走出封闭的校园，触摸社会。

学生在刚刚接触导读课程任务时，往往认为任务烦琐，难以完成，究其原因，本教学团队认为主要有两点：其一，学生习惯于传授式教学，即学生坐在课堂上听，老师站在教室前讲，教师提问若干问题，若干学生起立回答，课堂实践偏于分散和被动；其二，学生没有为走上职场做好思想准备，并且学生较少进行知识的综合运用与实践，在任务面前，不熟悉工作流程和商务环境，不能将理论知识灵活地运用到任务实践中。经过两次任务的学习和实践，学生逐渐掌握了任务的内涵，团队分工合作日益协调。学生开始积极主动地预习教材，为下一阶段的学习提前查阅资料，复习基础知识理论。在课堂展示之后，教师及时地对各个团队的表现进行评价并给出分数，课程学习化教为学，化繁为简，化纯理论为理论实践相结合。

（三）亮点：以赛促学

在前两个任务完成的基础上，教师及时总结任务的完成情况并与学生沟通，帮助学生解决任务过程中遇到的各种困难，理清思路，为下一阶段的学习和实践做好准备。如果说前两个任务是开胃菜的话，接下来的就是正餐了。导读课程的第三个实践任务是新市场开拓。本次任务覆盖了导读课程的八个单元的学习内容，包括且不限于：市场营销、人力资源、商务沟通、金融服务、发展规划以及电商推广等。为了较好地完成该项任务，各公司必须全员参与，全面整合各种资源，全面学习并实践商务知识，并在必要时寻求本团队教师的帮助，在教师的指导下进行。

本次任务以 2019 年商务实践技能大赛的选题为背景，要各个公司考察"一带一路"沿线国家的投资或并购项目，并选取一个国家进行市场开拓。要求各公司以 PPT 演讲的方式向公司相关部门和领导汇报调查结果和投资建议。建议从政治、经济、法律政策、基础设施、社会文化、潜在投资机会等多个方面阐述各公司的选择方案和投资计划，以便公司做出相关投资决策。教师在课堂上对本次任务进行详细剖析，该任务的推广方案包括一个主题，即新市场调研与开发；两个中心，即市场分析和投资提案；三个抓手，即公司推广、产品推介和营销策略；以及四个要点，即目标市场、营销推广、投资预算和人事配比。

市场调研与分析由各公司首席执行官负责，建议从政治、经济、法律政策、基础设施、社会文化、潜在投资机会等多个方面阐述选择某目标地区的原因。投资提案与计划由各公司首席运营官负责，推广方案包括但不限于公司标志、公司品牌及其价值、公司的竞争优势（联系我国的国际影响力，公司的形象、信誉、声望、社会影响力等）。产品推介由各公司产品总监负责，包括产品商标、计划推广的产品或服务，产品的竞争优势，如品质、设计、包装、售后、价格、渠道、店面地点和交通等。营销策略即市场推广方案由各公司的市场总监负责，推广方案包括客户需求、定价依据、分销策略、销售渠道等；广告方案包括广告代言、广告语和宣传内容、广告渠道、广告时间和宣传周期等；社媒营销包括微信（群）、QQ（群）、Facebook、Twitter 等；促销方式包括折扣、买赠、满减、返券、限量发售、特殊包装等。投资预算及预期盈利由各公司财务总监负责，财务总监要根据各公司上一年度的盈利情况，对本年度的盈利情况进行预测，并根据预测收益拟定下一年度的投资金额。新市场开拓的启动经费预算包括公司硬件（如房租、装修、办公设备等）投入、公司和产品推广投入、营销策划投入、公司员工工资奖金等。人事配比由各公司的人力资源总监负责安排。

本次任务既是课堂教学实践任务，又是对商务英语专业学生学习效果的检测。该任务的分数评判参考商务技能实践大赛的评分标准，从内容结构、语言能力、表达表现、PPT设计、现场反应、团队协作等多个方面进行。通过观察连续两届学生在导读课程中的实践，本教学团队发现，理论与实践相结合的、课堂讲解与任务发布相结合的方式，夯实了学生的理论知识，锻炼了学生的实践操作能力，提升了学生的自主学习能力、协作学习能力、职业操作能力以及综合应用能力。

（四）教学反思

教学是教与学和谐统一的活动过程。教师的"教"以学生的"学"为出发点及终极目标，教学相长，教师通过各种教学方法将知识传授给学生，学生通过教师的讲授掌握需要学习的知识。课堂作为教学的具体场所，受环境限制，在进行理论教学时往往易于变得枯燥乏味，不仅教师教得无聊，而且学生学得没劲。但又由于专业知识在实践中不容忽视的重要性，教学双方不得不在课堂上展开角力，努力地教与学。这种情况下，教学方法就显得十分重要，尤其是在打造商务英语专业"金课"的过程中，教学方法不仅是一种技术，更是"金课"教学思想的具体体现。

教师和学生是教学的核心，知识是教学的主体，知识的载体则是教育的关键，通过何种方法、方式、策略、媒介和场所进行知识的传授都需要认真考量。本团队认为将理论学习与实践教学相结合，有助于在导读课堂上用更少的时间取得更好的教学效果，以实现学生能力提升的教学目标。导读课程教学初始，即根据本课程的教学内容和目标发布学习任务，根据任务要求，学生可以自由结合，组成学习团队，在导读课程的学习过程中通过团队的形式开展各项学习活动。

商务知识的掌握、沟通技巧的运用以及学习意愿的提升三位一体，导读课程在一开始就全方面锻炼学生的实践能力。根据建构主义理论，作为认知主体的人在与周围环境相互作用的过程中构建其关于外部世界的认识，同时人是多元的、开放的、变化的，每个人都有其各擅长的领域。因此在模拟公司的组建和发展过程中，知识与情景交互作用，团队成员在情景中获得知识，实践知识。

而学习是社会实践不可分割的组成部分，是现实世界创造性社会实践活动中完整的一部分。学生边查找学习知识边实践运用知识，这种任务导向型教学帮助学生的各方面能力在公司组建伊始即得到充分锻炼。这种方式调动了学生的积极性，突出了学生的主体地位，有助于学生养成良好的自主学习与合作学习的学习习惯。

值得注意的是，导读课程的实践教学探索对教师也提出了更高的要求，在开展课堂实践教学的同时，教师本身的新知识扩充要远远快于学生的学习。教师除了要讲好各个章节，还要深入思考如何选择任务，并对任务进行剖析，向学生展示清晰的思路以及各个章节的内在联系。建议开展实践教学课程的教师要具备一定的相关企业从业经验，并深入企业一线进行实地学习和操作。课堂上发布的所有任务，教师都应提前在企业进行多次实践，反复尝试后遴选出最适合学生锻炼的任务。另外也可由校企合作，企业为学生提供商务实践任务和完成任务的软硬件环境。大量的学习实践缩小了校企之间的距离，巩固了学生的理论，锻炼了学生的实际操作能力，体现了应用型人才培养目标。

三、国际贸易实务

（一）课程简介

国际贸易实务是一门具有涉外活动特点的实践性很强的课程，具有政策性、应用性和综合性强的特点。它以商品进出口贸易为研究对象，以我国外贸方针政策为指导，阐明以下三个层面的专业知识。第一，与国际货物贸易直接相关的专业知识，包括国际贸易合同的拟定方法、国际贸易单证的制作方法、国际贸易交易磋商的程序与方法、国际贸易纠纷的解决方法等。第二，国际货物贸易相关领域的专业基础知识，包括国际货物运输、国际货物运输保险、国际结算、国际商事仲裁等。第三，国际货物贸易法律规范，包括国际贸易惯例、国际贸易公约以及国内法。除此之外，我们还拓宽了课程的广度和深度。通过学习本门课程，学生不仅要掌握国际贸易理论、法律知识、国际贸易惯例知识，还必须具有较丰富的国际商务知识和分析处理外贸业务问题的能力。同时，学生还需掌握从事国际贸易的基本原理、基本知识和基本技能与方法，能以英语为工具开展对外经贸业务，将来成为适应社会需要的既能熟练掌握外语又能从事对外经贸工作的复合型人才。

(二)课程设计

鉴于国际贸易实务课程的综合性和实践性,我们在传统讲授法的基础上,加入了讨论法、任务驱动法、案例分析法、问题探究法等,创设商务交流的教学情境,充分利用多媒体技术鼓励学生参加校内外商务英语实践大赛,并带领学生深入外贸企业进行专业认知或实习,获取外贸行业最前沿的资讯和动态,以加强对学生综合能力和思辨思维的训练,保持教学内容与时俱进,改变"满堂灌"和"我讲你听"的做法,使学生真正成为课堂的主体,取得了积极的效果。具体实践案例如下。

案例一:"为什么学习国际贸易?怎么学?"

作为教学导入的第一课,我们往往会告诉学生学习国际贸易的重要性,以及如何学习。而课本上给出的仅仅是一串枯燥的数字,如何吸引学生的兴趣,让学生更加有代入感呢?为此,经过筛选,教师在课堂上为学生播放了由"人民日报客户端"发布的一段短视频《全球GDP动态排行》(见图5-3-1、图5-3-2)。视频由1960年开始,动态展示全球十余个国家各个年份的GDP变化情况及排名,而最开始的榜单上并没有中国。在播放之前,教师布置了几个问题,要求学生在观看后回答:榜单中什么时候开始有中国?1978年改革开放之后,我国的GDP发生了怎样的变化?你出生的哪一年,中国排名第几?2001年加入世贸组织对我国GDP有什么影响?中国何时超越日本成为全球第二大经济体?根据数据预测,中国将在何时成为"世界第一"?

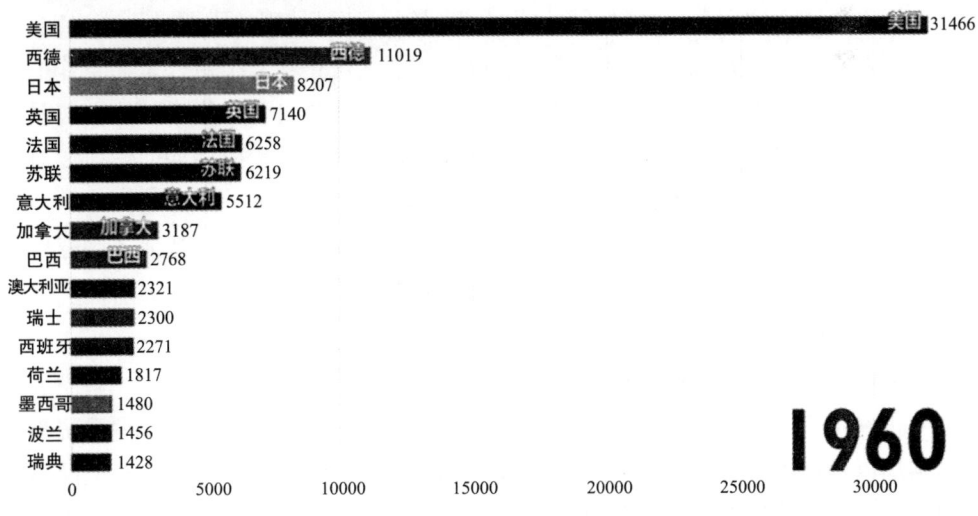

图5-3-1　1960年全球GDP动态排行

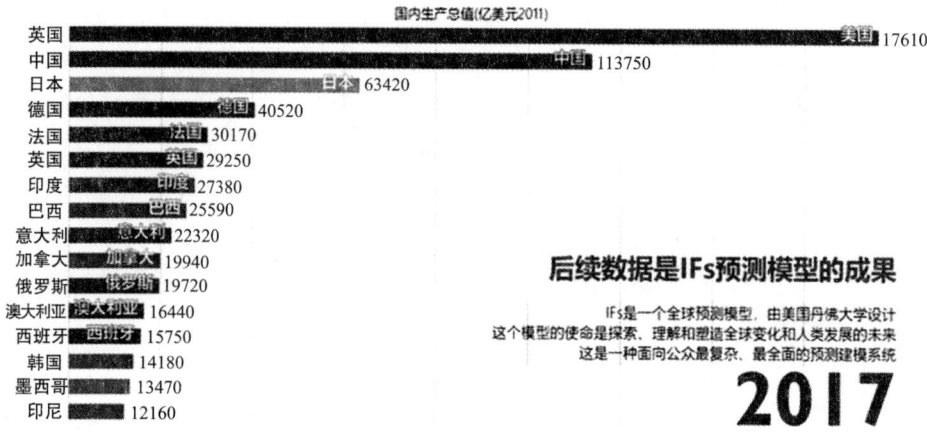

图 5-3-2　2017 年全球 GDP 动态排行

我们惊喜地看到，视频一开始播放，几乎所有学生都全神贯注，认真观察几个重要的时间节点以及我国 GDP 排名变化情况。在中国超越日本成为第二大经济体的时候，有些班级甚至响起热烈的掌声和惊叹。观看过后，学生对于上述问题展开了热烈的讨论。教师适时引导，这些成就和我国不断深化的改革开放以及不断扩大的对外贸易规模密不可分。而根据预测，大约 2028 年，当在座的各位同学正在成为各行各业的中坚力量的时候，中国 GDP 总值将超越美国成为"世界第一"，这一历史时刻定会载入史册，而这一历史重任恰恰就落在了在座同学的肩上。由此可见，深入学习国际贸易知识的重要性不言自明。

除此之外，教师在开学前还通过手机采访了几位正在从事对外贸易工作的毕业生，并邀请他们为学弟学妹录制一段小视频，谈谈自己工作后的体会以及对在校生现阶段学习的建议。这比仅仅由教师直接告诉学生应该如何学习要有效很多，而有些同学认出自己认识的学长后反响也十分热烈。

我们通过这些尝试，让同学们在学期初就端正了学习态度，认清了国际贸易实务课程的重要性，并充分理解本课对未来求职及工作的作用，为后面的学习做了很好的铺垫。

案例二："关税、贸易战以及贸易壁垒。"

正确认识"关税"以及"贸易壁垒"能够帮助学生深入了解当今世界贸易的格局以及动态，掌握国家基本贸易政策，树立正确的价值观。尤其在上课的同时，"中美贸易战"正不断升级，"华为事件"也成了焦点话题，这正是非常好的切入点。因此，教师采用了基于小组合作的任务驱动法来教授本节内容。

为了便于小组合作，本课程的教室由普通教室改为英语实训室。实训室座位以小组为单位，四张桌子拼在一起，每张桌子配备电脑，可坐两人。因此教师将学生分为8组，每组六至七人。在讲解了有关"关税"和"贸易壁垒"的基本知识后，安排学生进行小组合作，以近两年愈演愈烈的"中美贸易战"和"华为事件"为话题，研究特朗普政府在本次中美贸易战中所采取的主要措施，运用了哪些贸易壁垒（关税壁垒和非关税壁垒），并举出具体案例，分析各措施所造成的影响，制成PPT，最终由教师选取两组学生在课堂上进行展示。

通过小组学习和讨论，学生变被动为主动，对国家主要的贸易政策和贸易中存在的壁垒有了更为深刻的认识，并能够运用所学理论来分析贸易战中的实际情况，增强了思辨能力。

案例三：合同与国际贸易惯例。

"合同"是对外贸易活动的重要依据和保障，学习国际贸易从某种意义上讲就是在学习合同。而国际贸易惯例作为合同的重要组成部分，又是学习的重点和难点。然而合同本身条款繁杂，课本上对于各条款的编排又缺乏逻辑联系，从以往经验来看，在学习了好几章的贸易术语和贸易条款以后，学生看似每节课学了很多内容，但是无法将各章节的内容联系起来，不知道自己学的知识究竟有什么作用。究其根本原因，就是没有在一开始抓住"合同"的主线，把所学内容串联成一个整体。

因此，新学期开始教师便以"合同"为主线，以"贸易术语"为辅线，将真实的国际贸易合同作为研究对象，分章节、分部分带领同学深入学习探讨逐个条款的含义和作用，并以小组为单位动手制作了一份内容正确规范、格式美观的对外贸易合同。

具体来讲，仍以之前的分组为基础，每组为一个"外贸公司"作为中国的供应商，对应一个教师提供的国外"客户"。每组学生需要首先确定自己的公司名称、地址，制作公司抬头纸等。然后要上网搜索自己"客户"的相关信息，以此来确定自己的主营业务及产品。在此基础上，合同的每一部分对应课程的一个章节，在进行完一部分的学习后，要求学生自己动手把各"公司"合同上的内容逐步补充完整，包括货物描述、贸易术语的选用、单价及总价的表示、数量的表示、到付款方式、交货时间、运输条款、保险条款等。循序渐进，边学边练，每部分完成后教师会给予反馈和点评，最终在学期末制作一份完整的国际贸易合同，并计入期末考核成绩。

同时在此过程中，教师将培养学生主动思辨、举一反三的能力也纳入教学设计中。如讲解主要贸易术语及术语间的联系和区别，对于FOB、CFR和CIF

三个最基础的术语，教师从买卖双方的责任划分、风险转移、费用承担三个方面进行讲解，并加入大量的案例分析，通过课堂讲解和讨论让同学充分掌握这三种贸易术语，接着提出另外三个术语 FCA、CPT、CIP 和之前的三个有很多相似之处，引导学生从三个层面主动探索这三种术语的含义，并且与之前的 FOB、CFR 和 CIF 进行对比，制作成一张图文并茂的表格。很多同学在上交的表格上加入了手绘图，甚至运用思维导图等工具，对知识进行梳理，充分发挥了创造力。

这些实践使得课本上原本枯燥的知识转化为充满趣味和挑战性的任务，学生在完成任务的过程中很好地锻炼了实践能力、思辨能力、合作能力，也收获了用所学所思战胜困难解决问题的成就感。

（三）亮点：综合性、实务性考核方式

以往的国际贸易实务课程用传统考查课的形式进行考核，即 40% 平时成绩加 60% 期末成绩，而期末考查作业往往是一篇论文。为了突出本课的实践性和综合性，加强过程评测，本学期采用了不同的期末考查方式，即模拟商业谈判，每"公司"在谈判中提交一份商业合同，并回答"客户"（教师）提出的问题。成绩标准包含合同的正确性、规范性、专业程度、美观性以及小组成员在"谈判"中的表现等方面。经过精心的准备后大部分小组都能够有不错的表现，个别小组不尽如人意。其中一组，不仅统一着正装，分工明确，合同专业美观，对教师提出的问题对答如流，而且还额外准备了公司营业执照、产品样品等资料，令人印象深刻（如图 5-3-3 所示）。

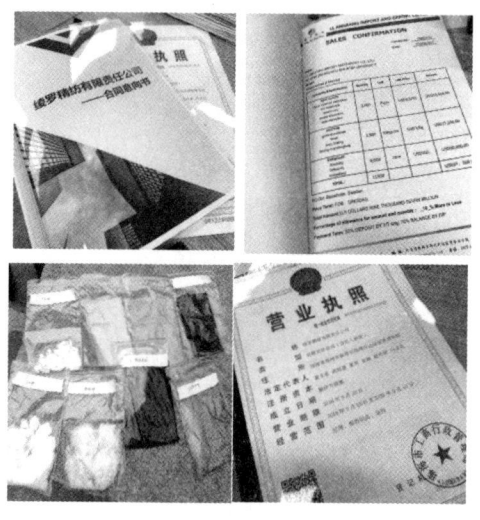

图 5-3-3　学生作品展示

（四）教学反思

国际贸易实务课程是商务英语专业的核心课程，是经济类、管理类的一门基础课程，也是其他专业学习国际贸易知识的必修课程。然而在以往的教学过程中，由于偏重理论讲解、缺乏实战经验、国际贸易相关知识更新迅速等因素，学生经常反馈听不懂、不会用，在求职过程中无法很好地将所学的知识应用到实践中。因此，为了突破瓶颈，切实提高教学质量，培养学生深度思考、解决问题的能力，使学生能够真正高效地参与课堂、受益于课堂，本课程教师在"两性一度"（高阶性、创新性和挑战度）思想的指导下，从教学设计到课程考核方式，做出了一些积极的探索与实践。

第四节　建构主义理论指导下的英语词汇学课程改革

一、英语词汇学教学研究现状

"没有语法，人们无法表达很多东西；而没有词汇，人们则无法表达任何东西。"词汇量少会限制学生英语听、说、读、写、译能力的提高。而纵观我国的英语专业教学，虽然历来高校英语专业教学大纲都对学生的词汇学习提出了明确的目标要求，但由于没有专门的课程讲解词汇记忆和扩大词汇量的问题，最终只能由学生自己摸索，学生的词汇学习往往处于自发状态，缺乏专门系统的指导，效果不甚理想。因此词汇学课程理应扛起这一急需解决的任务。

我国高校英语专业英语词汇学课程可追溯到20世纪50年代末期，仿效苏联高校英语词汇学独立设课讲授的方法，北外英文系率先开设了英语词汇学课程，由著名语言学家许国璋先生负责。但在随后的几十年里，国内一直没有自己的教材，且开设词汇学课程的院校寥寥无几，直到20世纪80年代中后期，英语词汇学课程才逐步走向普及与繁荣。这从英语词汇学教材数量和课程设置上就可见一斑。自1983年汪榕培和李冬编写的国内第一本词汇学教材《实用英语词汇学》问世以来，几乎每隔两年就有新的词汇学教材出版，已有统计显示，截至2006年，我国编著的英语词汇学教材有31部之多。已有调查表明，词汇学课程在国内绝大多数高校英语专业课程体系中都占有一席之地，可见词汇学课程的受重视程度。

但目前我国英语专业词汇学课程所使用的教材很多都属于传统词汇学的范畴，教材涵盖面广，重点不突出，总体上理论性大过实用性；沉重枯燥的教学内容导致在教学模式上一直是以教师为中心的灌输式，学生被动接受，课堂气氛沉闷不堪，学生普遍缺乏兴趣和学习动力。乔相如对湖北省17所高校的英语词汇学教学现状进行了调查，结论如下。①英语词汇学课程多是作为专业选修课或必修课为英语专业本科生开设的，且教师和学生都普遍认识到了开设词汇学课程的必要性。②由于词汇学教师配备不均、教学方法单一等，学生对目前的教学不甚满意。③英语词汇学教材琳琅满目，各高校教材选择不统一，部分高校没有指定教材。④课程考查方式单一，导致学生动力不足，自主学习能力弱。所以现有的英语专业词汇学课程改革势在必行。

二、应用型本科院校英语词汇学的学习现状与特征

张保培对郑州升达经贸管理学院英语专业学生的词汇学习情况做了调查，结果如下。①学生词汇量偏低。2010级本科一年级共157人，其中仅有44名学生（28%）的词汇量达到了英语专业二级要求（4000—5000），二年级中41.4%的学生其认知词汇量还不足5000；三年级中有41.3%的学生词汇量未达到六级水平（7000—9000）；四年级中也只有43.3%的学生的认知词汇量超出了9000。②学生课外阅读时间少，多局限于课本学习。调查对象每周用于课外阅读的时间平均为7.07小时，每周课外用于课本学习的时间平均为13.52小时。课外阅读时间明显少于课本学习时间。访谈发现多数学生认为课本学习比课外阅读重要，学好课本有利于提高成绩，所以课余时间多花在课本学习上，无暇课外阅读。

郑州升达经贸管理学院英语专业学生的词汇学习现状不是特例，而是应用型本科院校英语类专业学生的一个缩影。首先，学生词汇量普遍低于英语专业教学大纲的要求。其次，学生很少通过大量阅读来习得词汇，更多依赖于教材和课程。那么，英语词汇学作为英语专业学生必修的一门专业知识课，对于提高学生词汇量，责无旁贷且任重道远。针对传统词汇学课程教学中的弊端和应用型本科院校英语类专业学生的词汇学习特点，依据建构主义理论和原始语根假说对英语专业词汇学课程进行改革，调整词汇学课程教学内容，改进教学方法和课程评估手段，提出新的英语词汇学教学模式，不仅具有理论价值，对英语专业教学实践更具有指导意义。

三、理论依据

（一）建构主义理论

建构主义是认知学习理论的一个重要分支，它源自瑞士认知心理学家皮亚杰于20世纪60年代提出的关于儿童认知发展的理论。建构主义理论认为，知识不是通过教师传授获得的，而是学习者在一定的情境即社会文化背景下，借助其他人（包括教师和学习伙伴）的帮助，利用必要的学习资源，通过意义建构的方式而获得的。建构主义认为学习环境包括四大要素。①"情境"，即学习环境中的情境必须有利于学生对所学内容的意义建构。这就要求，在建构主义学习环境下，教学设计不仅要考虑教学目标分析，还要考虑情境的创设问题，并把情境创设看作教学设计的最重要内容之一。②"协作"，协作贯穿于学习过程的始终。协作对学习资料的搜集与分析、假设的提出与验证、学习成果的评价乃至意义的最终建构均有重要作用。③"会话"，会话是协作过程中的不可缺少的环节。学习小组成员之间必须通过会话商讨如何完成规定的学习任务；此外，协作学习过程也是会话过程，在此过程中，每个学习者的思维成果（智慧）为整个学习群体所共享，因此会话是意义建构的重要手段之一。④"意义建构"：这是整个学习过程的最终目标。所要建构的意义是指，事物的性质、规律以及事物之间的内在联系。在学习过程中帮助学生建构意义，即要帮助学生对当前学习内容所反映的事物的性质、规律以及该事物与其他事物之间的内在联系达到较深刻的理解。由上可知，获得知识的多少取决于学习者根据自身经验去建构有关知识的意义的能力，而不取决于学习者记忆和背诵教师讲授的内容的能力。

因此，建构主义提倡的是"在教师指导下的以学习者为中心的学习"，也就是说，既强调学习者的认知主体作用，又不忽视教师的引导作用，教师不再是知识的传授者与灌输者，而是"意义建构"的帮助者、促进者。学生不再是信息的被动接受者和被灌输的对象，而是信息加工的主体，是意义的主动建构者。

（二）原始语根假说

学习英语词汇，关键的一环是学习构词法，如词根、前缀、后缀，被誉为扩大英语词汇量的三把金钥匙。词根是一个词的核心，承载词义的主要部分，前缀附加意义，后缀表明词性。所以掌握数量有限的词根和词缀，懂得基本的构词方法，就能很容易地突破记忆单词的难关。但仔细整理英语词根，不难发现词根的拼写和读音是有变化的，而且是有规律的。比如 -cid（切，杀）变为 -cis，-cid 用于动词，-cis 用于名词或形容词，如 decide、decisive、decision、precise、concise。再如 -ag 和 -ac（做，动）、-ced 和 -cess（走）、-clud 和 -clus（闭合）、cross 和 -cruc（十字）、eat 和 -ed（吃）、-fac 和 -fect（做）、-fict 和 -fig（塑造，虚构）、letter 和 -liter（字母）、-merg 和 -mers（沉，没）、name 和 -nym（名字）、peace 和 -paci（和平）、-sec 和 -sequ（跟随）、-vert 和 -vers（转）、twist 和 -tort（扭转）、-vid 和 -vis（看见）等。这些就是词根变体，实际上就是传统语源学中的同源词。这些同源词首辅音不变，语义的分化或细化通过元音变异或尾辅音的变化实现。一个词根派生出的一大串单词就是一个词族，如 -vert、advertise、subvert、divert、introvert、extrovert、convert、controvert、invert、avert、vertigo 等，这是纵向的。由词根变体形成的词族则是横向的。如 -vert 变成 -vers，-sect 变成 -seg、-sec、-sequ、-se、-sert 等。知道词族可以纵横两个方向扩展，更容易迅速扩大词汇量，深入理解词义。

但同时也发现，很多同义的词根首辅音是不同的，如 bend 和 -flect、-flex（弯曲）、blow 和 -flat（吹）、brother 和 frater（兄弟）、father 和 pater（父）、foot 和 -ped（足）、will 和 -vol、-volunt（意愿）、climb 和 -scend（爬）、head 和 -cap（头）、heart 和 -cord、-cardi（心）、heavy 和 -grav（重）、know 和 -cogn（知道）、read 和 -leg（读）、shut 和 -clud（关）、water 和 -aqu、-hydra（水）、write 和 -scrib、-gram、-graph（写）、day 和 -di、-journ（天）、tooth 和 -dent（牙齿）等。一般认为是词源不同造成的，即有的是英语本族语，有的是从法语、希腊语或拉丁语借来的。但这些语言都属于印欧语系，应该也是同源的，音变也应该是有规律、可解释的。如果再进一步思考，英语词根有没有根？从何而来，这就牵涉到了语言起源问题。

基于这样的疑问和思考，马秉义教授依据现代语言学的语言共性原理进行英汉对比，把英汉语历史语言学的研究成果综合在一起，如英国语文学家威廉·琼斯通过比较梵语与拉丁语、希腊语等欧洲语言的相似性而提出的印欧语假说、德国杰出学者雅克布·格里姆通过对比日耳曼语和其他印欧语语音音变而提出的格里姆定律、清代学者程瑶田提出的关于汉语语源学声音通转的理论，提出了原始语根假说，阐述了音由天地、义由音生、音随义转、音近义通、反义同根的语言发展规律。

原始语根假说是关于语言起源及其发展的假说。语言起源于拟声，如人类祖先表示喜怒哀乐时的感叹声、人类集体劳作时的哼吁声等。音义的结合就是原始语根，拟声词就是原始语根的来源。比如，英语把婴儿学语发出的声音拟声为 babble，词尾的 le 表示动作的反复。马秉义将 -ba 作为人类自然发声的原始语根，认为它至少有三个意思：一是爸爸；二是娃娃；三是娃娃学语。英语里爸爸及相关的词汇有 papa（爸爸）、-pater（父亲）、paternal（父亲的）、patriot（祖国）、compatriot（同胞）、patron（"具有家长职责的人"即资助人、庇护人）、patriarch（男家长）。随后印欧语的 [p] 在日耳曼语中依格里姆定律转为 [f]，所以英语中出现了 father（父）。爸爸有力气，保护子女不受伤害，故产生了 para-（保护），如 parachute（"保护伞"、降落伞）、parasol（阳伞）等。英语叫小孩 babe、baby，其他还有 bachelor（小男孩）、boy（男孩）、pupil（少年）。婴儿学语就是 babble，其同音异义词 babel 就是混乱嘈杂的意思。传说中指古巴比伦人建设未成的通天塔，上帝因他们狂妄，责罚他们各操不同的语言，彼此不相了解，结果该塔无法完成。barbarian 原义是外国人，古希腊人说外地人讲话是 -barbar，意思就是"说话像孩子那样口齿不清"，barbarous 演化为野蛮的、未开化的。由于 [b] 可转为 [f]，又产生了 -phet（说）、-phon（声）、-fabl（言）、-fess（说），如 prophet（预言者）、phone（电话）、symphony（交响乐）、gramophone（留声机）、fable（寓言）、confabulate（闲谈）、confess（承认）等。由 [f] 又分化出 [v]，产生了 -voc、-vok（声音、叫喊），如 vocalist（声乐家）、convoke（召集开会）、provoke（挑衅）、vocabulary（词汇）、advocate（拥护、提倡）、vocation（天职、职业）等。一个原始语根，如 -ba，到词根 -pa、-pater、father、boy、babble、-fabl、fame、-fess、-phet、-phon、-voc、-vok，再到单词，分几个层次系联出这样大的一个词族。这样的一种理据性的联想思维，可使语言学习者有豁然开朗的感受，一通贯通，可以迅速地扩大词汇量，进而提高词汇教学效果。

四、英语词汇学课程改革

（一）课程内容及教材

根据调查，目前高校英语专业词汇学课程常用的教材有汪榕培、卢晓娟编著的《英语词汇学教程》，陆国强的《现代英语词汇学》，张韵斐、周锡卿编著的《现代英语词汇学概论》，张维友编著的《英语词汇学教程》等。这些教材虽各有特色，但共核内容是不变的，都至少包含四个部分的内容：第一部分为英语词汇概说，介绍有关英语词汇的基本概念、来源、发展史及国别特征；第二部分为英语词汇的形态结构和构词法；第三部分是词的意义和词义关系，包括词义的变化和转移；第四部分介绍英语习语。前两部分关注词汇的认知，后两部分强调词汇的运用。结合学习者的需要和词汇学课程的主要教学目标，即扩大学生认知词汇量，我们提出不仅要选用合适的教材，更要创造性地使用教材，并适当添加一些教学内容，具体为，在保留传统词汇学共核内容的基础上，弱化理论综述，强调构词法，添加拼读规则，渗透语根学。

　　弱化理论综述，即避开或弱化语言学课程与词汇学课程重合的有关形态学、词汇语义学的理论综述内容，减少专业术语可能产生的理解上的困惑和负担。强调构词法，即在介绍各种构词法的基础上，突出派生构词法学习，补充词根讲解和练习以弥补教材相关内容的缺失。语言的本质就是一套声音符号系统，系统本身就有理据性，即内部理据，如形态理据（构词法）、语义理据（隐喻式的意义引申和扩展）和语音理据。语音理据告诉我们如何拼合词汇的读音，正字法和正音法越是规范的拼音文字，越具有较高的语音理据，即学习者在掌握了单个字母或字母组合的发音规律之后，就能做到见词会读、听音会写。英语就是一种拼音文字，尤其是英语本族语词汇的拼读很有规律。同时，原始语根假说强调音义之间的联系，因此英语学习者首先应重视词的读音，学习英语词汇拼读规则，然后建立音义联想，从而更好地理解词义。

　　基于原始语根假说的语根学，是用语言进化论的观点构拟出人类最初的语根的，即原始音义的结合，由语根生成词根及其变体，词根虚化产生词缀，词根和词缀结合得到无数的单词，在词族的基础上进行音义系联而建立英语词汇系统。原始语根假说在理论上虽比较深奥难懂，但由语根到词根再到单词的解释精妙无比，引人入胜。如人类的轻拍拟声为 -pat，由此产生表示拍打行为的 -plaud、-plaus，如 plaudit、plausible、applaud、applause 等。由拍的行为引出拍的主体，即手掌 palm，拍的结果是平的 plain，由平引申为公平 fair。重拍拟声为 -bat，打斗行为由手演变为木棍，打斗方式有 butt、beat、blow、bite，音变后又产生 fight、-fence、-fend、-fere、-flict。打的工具是 bar、bat、bolt（本义为重箭），引申出 barracks（兵营，本义是用木棍搭起的小房子）、barricade（路障）等，打的结果是令人疼痛，即 pain、penalty、-path 等，打的目的是令人害怕，即 fear、afraid、fright 等，这样解释词汇的理据性可以说前无古人，学生更容易接受而且记忆深刻。所以在词汇构词法部分应渗透语根学知识，尤其是要认识词根变体，了解首辅音音变规律，扩大同源词范围。这就对教师的理论修养和教学方法提出了更高的要求，具体说来就是，学习构词法，建立词族概念；认识词根变体，扩大同源词范围；学习语根学，建立英语词汇系统。

（二）教学方法

传统的词汇学教学模式总体上以教为主，学生被动地接受知识，不利于学生开展独立思考，导致学生自主学习能力弱，缺乏学习词汇学课程的积极性。建构主义学习理论为英语词汇学教学提供了一个新的视角。建构主义提倡的是"在教师指导下的以学习者为中心的学习"，教师不再是知识的传授者与灌输者，而是"意义建构"的帮助者、促进者。学生不再是信息的被动接受者和被灌输的对象，而是信息加工的主体，是意义的主动建构者。

学生要成为意义的主动建构者，就必须在学习过程中采用探索、发现的方法，主动去搜集并分析有关的信息和资料，并把当前学习内容所反映的事物尽量和自己已经知道的事物相联系，并对这种联系加以认真地思考。"联系"与"思考"是意义构建的关键。教师要成为学生建构意义的帮助者，就必须在教学过程中激发学生的学习兴趣，帮助学生形成学习动机；通过创设符合教学内容要求的情境，帮助学生建构当前所学知识的意义；在可能的条件下组织协作学习（开展讨论与交流），并对协作学习过程进行引导使之朝有利于意义建构的方向发展。引导的方法包括提出适当的问题以引起学生的思考和讨论；在讨论中设法把问题一步步引向深入以加深学生对所学内容的理解；要启发诱导学生自己去发现规律、去纠正和补充错误的或片面的认识。

（三）教学评价与测试

传统的词汇学课程评价方式单一，过多地依赖于终结性评价，不利于激发学生的学习积极性，不利于培养学生的自主学习能力。形成性评价理论顺应了建构主义学习观，为课堂教学评价体系创新提供了新的领域和视野。形成性评价是相对于终结性评价的一种新型评价类型，是基于对学生学习全过程的持续观察、记录、反思而做出的发展性评价。形成性评价注重"过程评价"，能够克服"结果评价"带来的弊端。以建构主义为指导的英语词汇学课程教学模式将采用形成性评价方式，评价内容包括学生课堂表现评价、作业评价、阶段性学习效果评价、学生自我评价和学生互相评价五个方面。

课堂表现评价的内容主要包括出勤率、课堂纪律和课堂展示等方面，通过制订统一的成绩评定标准，教师对学生的课堂表现进行量化，计入平时成绩。作业评价是指教师利用批改作业的机会，了解学生的学习情况，如学习态度、对所学内容的理解和掌握等，给予相应的量化评价，并纳入综合评价当中。阶段性学习效果评价是指在某一阶段内对学生的学习情况的小结性评价，如期中测试和期末测试等，评价结果要及时向学生公布，以帮助学生查找问题，及时调整学习策略。自我评价是形成性评价的特色，也是形成性评价的组成要素。在自我评价中，学生主动查找学习过程中存在的问题和不足，对自己的学习方法和效果进行反思，充分发挥了学生的主动性，学习态度由被动转为主动，有助于学生自主学习能力的提高。学习小组成员之间的相互评价有助于小组成员之间的相互协作、相互监督、相互学习和相互促进。最终学生的词汇学课程综合评价成绩，由平时成绩（包括课堂表现和作业）、阶段性学习效果评价（期中和期末成绩）、自我评价和学生互评按照一定比例结算得出。

形成性评价在具体实施过程中，教师需清楚讲明课程或相关教学活动的目的，告知学生统一、详细的评价标准，给出评估范例，告诉学生范例与评价标准吻合的原因，并及时给予学生反馈。教师给予学生反馈意见时，不要一次性给出正确答案，而要启发学生尽可能运用所学知识找出答案。此外，形成性评价需要重视将定量考核与定性考核相结合，以期给出全面、科学的评价结果。

（四）以建构主义为指导的词汇学教学模式的构建

建构主义理论要求教师要由知识的传授者、灌输者转变为学生主动建构意义的帮助者、促进者。这就意味着教师应当在教学过程中采用全新的教学模式。现代教学过程包含教师、学生、教材和媒体等要素。这些要素在教学过程中不是彼此孤立、互不相关地简单组合在一起的，而是彼此相互联系、相互作用形成的一个有机的整体。由教学过程中的这四个要素所形成的稳定的结构形式，就称为"教学模式"。

在基于建构主义理论的教学模式中，学生是知识意义的主动建构者；教师是教学过程的组织者、指导者，意义建构的帮助者、促进者；教材所提供的知识不再是教师传授的内容，而是学生主动建构意义的对象；媒体也不再是帮助教师传授知识的手段、方法，而是用来创设情境、进行协作学习和会话交流，即作为学生主动学习、协作式探索的认知工具。而以互联网为代表的教育信息技术的发展给词汇学的教学改革提供了条件，使"情景""协作""会话"等环境要素成为可能。张维友教授指出，与传统的理论知识课堂相比，新课堂应该具有研究型、互动式、多媒体化和网络化四个特点，可以由互动课堂教学和基于网络的自主学习两部分互补构成。

基于调查研究，并参照张维友教授的教学改革实验，我们提出了"任务分配、自主学习、小组讨论、课堂展示、教师补充"五个环节构成的英语词汇学教学模式。课堂教学由学生与教师共同完成。教师分配任务，学生分组准备，全部参与课堂展示，并计入平时成绩考核。学生通过查阅资料、分组讨论等方式进行主动的、探索性的学习活动。学习小组成员之间必须通过协作、会话商讨如何完成规定的学习任务，在此过程中，每个学习者的思维成果为整个学习群体所共享。自主学习和小组讨论是基于网络支持的合作学习，学生通过网络平台可以获取丰富的学习资源，如词汇学相关课件等。在互联网或校园网网络教学平台上，学生不仅可以利用丰富的词汇学习资源，在真实的情境中积极主动地寻找并接收生动有趣的新信息，培养自主学习词汇的能力，而且可以通过协作学习共同完成对所学知识的意义建构。教师根据学生演示情况，补充讲解，既能了解学生的兴趣点，确定教学重点和难点，同时又能发挥学生的主动性和创造力。

第五节 商务英语专业思辨能力培养

一、国内外思辨能力研究综述

21世纪，世界范围内高等教育改革的一个共同主题就是，培养学生的思辨能力（也称为批判性思维）。国外一流大学的人才培养，都把思辨能力培养放在首要位置。例如，哈佛大学使命宣言中提道，"鼓励学生尊重思想和言论自由，享受探索和批判性思考之欢乐"。它把思辨能力的培养当作整个大学教育的核心目标之一。剑桥大学的核心价值之一也是"对怀疑精神的鼓励"。在享誉全美的耶鲁大学英文系，本科生学习的最终目的是"获得对人类经验的更深刻的洞察力，并成为更强的作者和更有影响力的分析性思考者"。耶鲁大学校长理查德·雷文明确指出："头脑经过磨炼会变得更灵敏，能使你们批判性地独立思考，这才是耶鲁能给予你们的最好的礼物。"事实上，近30年来美国、英国等发达国家掀起了一股"批判性思维运动"浪潮，旨在通过批判性思维课程的教学活动，纠正学生消极、保守、低效的不良思维习惯，培养批判性阅读、聆听、观察、演讲和写作的能力，使学生将来能够从容应对社会的种种严峻挑战。1998年世界首届高等教育会议发表《面向二十一世纪高等教育世界宣言：设想与行动》，其中第九条"教育方式的革新：批判性思维和创造性"指出："高等教育机构应当教育学生成为知识丰富、目的明确的公民，能够批判性地思考、分析社会问题，寻找解决社会问题的方法并运用它们解决这些问题，从而承担起社会责任。"由此可见，培养学生的思辨能力是国际教育界达成的共识，也是国际高等教育改革的共同目标。

我国高等教育界也逐步认识到思辨能力培养的重要性。《国家中长期教育改革和发展纲要（2010—2020年）》确定的战略主题之一就是，"坚持能力为重。优化知识结构，丰富社会实践，强化能力培养。着力提高学生的学习能力、实践能力、创新能力，教育学生学会知识技能，学会动手动脑，学会生存生活，学会做人做事，促进学生主动适应社会，开创美好未来"。这里，"创新能力""实践能力"的内核都是思辨能力。"从根本上说，创新是思辨能力的体现，而实践只有在高级思辨能力的引导下才能创新。"在20世纪90年代末，我国英语教育界开始强调思辨能力培养的重要性。2000年出版的《高等学校英语专业英语教学大纲》中，思辨能力已写进英语专业的培养目标："注重培养获取知识的能力、独立思考的能力和创新的能力……"遗憾的是，思辨能力正好是英语专业的软肋。黄源深教授的一篇文章《思辨缺席》引起了外语界的高度关注："这种缺乏分析、综合、判断、推理、思考、辨析能力所形成的现象，我们不妨称为'思辨的缺席'。学外语出身的人，稍不注意就会得这种'思辨缺席症'。"对此，外语界很多学者都持赞同的意见。正是基于对思辨能力重要性和英语专业思辨缺席的认识，英语界大批学者纷纷呼吁把思辨能力培养确定为英语专业的重要培养目标之一，如胡文仲、孙有中、金利民、虞建华、黄源深等。

二、思辨能力的界定

（一）思辨能力的概念

"思辨"或"批判性思维"译自英文critical thinking（简称CT）。在教育领域，约翰·杜威最早开始关注思辨能力，认为思辨是"个体对于任何信念或假设及其所依据的基础和进一步推导出的结论进行的积极、持久和周密的思考"。此后，众多学者、专家对思辨进行了界定，定义各不相同。罗伯特·恩尼斯是最早对思辨做出定义的学者，他认为思辨是个体以后天的客观经验为基础，为决定信什么或做什么而进行的合理的思考。最具影响的CT定义有两个。一个由国际公认的批判性思维权威理查德·保罗提出，他认为"思辨是一种个体思维模式，在这个思维模式中思考者熟练地控制思维的内在结构并应用知识标准来评价它们，借此改善自己的思维"。另一个就是美国特尔菲项目组对思辨能力下的颇具权威性的定义："思辨能力是有目的的、自我调节的判断；这种判断表现为解释、分析、评价、推理，以及对判断所依据的证据、概念、方法、标准或语境所做出的说明……一个具有思辨能力的理想的思考者习惯于勤学好问、相信理性、公正做出评价、诚实面对偏见、谨慎做出判断、不懈查找相关信息、理性选择判断标准……"根据这个定义，思辨能力包括一系列典型的"认知技能"和一系列的"情感特质"。前者又称批判性思维技能，后者又称思维习性或批判思维精神。思辨性的认知技能主要包括：解释——归类，阐明重要性和澄清意义；分析——审核观点，识别和分析论据；评价——评价主张和论据；推理——质疑证据，提出猜想和推出结论；说明——陈述结果，证实程序的合理性，展示论证过程；自我校准——自我审查和自我校正。思辨性的情感特质主要有好奇性，相信理性、自信、思想开放、公正的态度、谦虚谨慎的品格等。

综上所述，思辨能力的界定虽表述各异，但概括而言，我们认为思辨能力应该包括以下几方面内容。①思辨是一种有目的的、反省性的个体思维模式，元认知的自我调节性是思辨能力的核心。②思辨能力不仅包括批判性思维技能，如解释、分析、评价、推理、说明等，还包括批判性思维精神。③思辨能力可以通过后天的学习和训练加以培养，包括思维技能和批判精神。

（二）创造性思维与思辨能力

创造性思维是能引发新的或更好的解决问题的方法的思维方式。思辨或批判性思维是对所提供的解决问题的方法进行检测，以保证其效力的思维方式。创造性思维引发新观点的产生，而思辨则检验这些观点的缺失。这两种思维方式对有效解决问题而言都是必要的。直觉、形象、灵感、隐喻式的想象诱发源源不断的解决问题的想法，然后批判性思维在诸多可能性中选出最佳方案。两者在这一过程中的运用不是同步的，但二者缺一不可。

我们认为创造性思维是"开放型"的，发散性思维、隐喻思维是创造性思维的重要成分；而思辨是"聚拢型"的，目的是对假设及其所依据的基础和进一步推导出的结论进行合理判断。两种思维彼此联系又各有侧重，对于创新能力的培养，二者缺一不可。创造性思维是创新的前提，而思辨则是创新的核心。

（三）思辨能力的教学方法和内容

思辨能力是可以通过后天的学习和训练加以培养的，其教学方法主要有两种：一种方法是设置专门的批判性思维课程，侧重培养学生的批判性思维技能。另一种方法是把学科教学与思辨能力培养相结合，主张在学科教学中培养质疑和批判精神，将批判性思维技能和批判性品质培养相结合。将学科教学与批判性思维培养相结合是目前培养大学生思辨能力的切实可行的方法，罗清旭认为它应该成为批判性思维训练的主流。教师需要把握思辨能力的构成要素：批判性思维技能和批判精神。实际上思辨就是首先通过反思提出问题和假设、然后通过逻辑论证验证假设、最后解决问题的循环往复的过程。教师需将思辨能力的要素与专业知识相结合，从而有效地进行批判性思考，有技巧地进行质疑，有创意地使用教材，真正实现批判性教学。

三、语言学导论课程与思辨能力培养

（一）语言学导论

语言学导论或英语语言学是大多数本科院校英语类专业必修的一门课程。这门课程不仅仅局限于对语言现象的介绍，还可以给学生提供理解语言现象的一般理论和概念；不仅可以帮助学生学好外语，更能训练学生的思维方法，培养学生的思辨能力。在具体的语言学教学实践中，我们认为应该通过加强英汉比较意识、重视批判性评价两个方面来培养学生的批判性精神，提升学生的思辨能力。

1. 加强英汉比较意识

英语和汉语是不同的语言，中国学生学习英语，总是在自觉不自觉地进行英汉比较，有意识的、系统的英汉比较是很有益处的。王力甚至指出，外语教学"最有效的方法就是中外语言的比较教学"。许余龙对此总结道："对比语言学揭示了语言之间的异同，这对于外语教学，特别是成年人的外语教学，有着不可忽视的指导意义。"前些年，外语界普遍存在一种片面的看法，即认为汉语是学习外语的干扰。事实上恰恰相反，要想真正地学好外语，必须掌握好母语；深刻领会母语，必然会促进外语学习质量的提高。在语言学教学实践中进行英汉比较，首先，可以激发学生的好奇心理，刺激学生的求知欲望，让课堂教学生动活泼。其次，英语语言学基本上介绍的都是西方语言学理论研究成果，通过英汉比较，可以引导学生用汉语语料来检验西方语言学各种理论的解释力，从而培养学生思辨性的质疑精神。

（1）语音层面

比如，英语语音有辅音和元音之分，音节由节首和韵基组成，有重读和非重读之分。汉语也有类似区分，但学生更熟悉的是汉字声母和韵母的划分。通过对比，学生能很快注意到英汉语的相似之处：汉字声母基本上都是辅音，韵母主要由元音和两个尾鼻音组成；单个汉字只有一个音节，双字词就有重读和弱读之分。然后，引导学生总结英汉语音层面的差异，这就可以解释中国学生语音学习中常常出现的错误，如 vent 和 went 不分，thing 被误读为 sing，though 被误读为"奏"（zou）等；汉字的音节首（即声母）和音节尾最多只允许一个辅音，而英语单词音节首尾多为辅音连缀；汉字的声调有区分字义的功能，而英语单词多为多音节词，靠重音来区分词义。

（2）词汇层面

英语语言学中对 word 的定义是，"词是有具体发音、意义和句法功能的最小的自由形式"。那么汉语中与 word 对应的概念是什么？"字"或"词"？提出这样的问题，就可以引导学生思考汉语"字"与"词"的区别。一种意见是，一个字的叫作"字"，两个字以上的叫作"词"。另一种意见是，从一个字起，至几个字，都可以叫作词。其实，在古汉语中，汉语的每个字就是一个词（word）。古代一个字的名称，从人名、地名、物命，以致称谓、语气词等，不计其数。现代汉语中也不乏单字词，如"笔""日""火""水"等，只是汉代汉语多为双字词，由单字发展而来，如"毛笔""铅笔""钢笔"等。此外，英语词汇的曲折变化是汉语中没有的现象。英语中名词有单复数的词形变化，如 man\men、desk\desks 等，现代汉语中有无类似的屈折后缀还是有争议的，比如"人"可以加上"们"，变成复数"人们"，但"桌子们"是不被接受的。英语中的人称代词还保留有格的变化，如 he\his\him、they\their\them 等，这种格变在法语、意大利语等罗曼语以及德语中还很普遍，当然罗曼语和德语等还有丰富的性的变化。汉语与之比较，缺乏此类形态变化。那是不是就表明汉语欠缺表达类似意义的功能或方法呢？通过思考这样的问题，学生就逐渐意识到语言的多样性，从而做出理性、公正的判断。

（3）句法层面

从英汉比较的角度出发，最能显示英汉差异的是造句方法。传统语法把句子分为两部分，即主语部分和谓语部分。英语句子以动词为中心，前后必有成分，这就构成了英语的五种基本句型：SVO，SVOO，SVOC，SVC，SV。而 SVO 通常被认为是英语句子的典型结构。英语句子结构的三分主要受形式逻辑制约。西方人认为世界由大地、海洋、天空三部分构成，大自然包括动物、植物、矿物三种物质，人体有肉体、心灵、精神三重性，基督教主张圣父、圣子、圣灵三位一体，因此西方人偏爱三，如用 ABC 三个字母表示"基础知识"，而不用 AB 或 ABCD。那么汉语的句子结构如何分析？汉语句子结构的哲学基础是什么？通过提出这些问题，我们就可以引导学生思考汉民族阴阳辩证的思维方式对汉语造句的影响，认识到汉语句子的二分传统：话题（topic）和说明（comment），从而在进行英汉互译时有规律可循。英译汉的原则就是把英语句子的三分结构 SVO 变成汉语的两分结构 TC（话题和说明），句子要短，数量不限；而汉译英则相反。

（4）语义层面

词的意义是可以通过词义关系来确定的，词义关系有同义、反义和上下义三种。词义还有规律性的变化,其结果就产生了一词多义现象。这一部分,通过英汉比较,可以增强趣味性,同时启发学生思考。例如,汉语中的下义词在英语中可能是缺失的,如"叔""伯""舅""姨夫""姑父"在英语中只用 uncle 一词表示;"稻""米""米饭"在英语中只有 rice 一词对应。同样,汉语中的上义词在英语中也可能是缺失的,如"胡须"在英文中只有 whisker(腮须)、beard(络腮胡)、moustache(小胡子),却没有与之对应的上义词。同样,汉语中也有丰富的一词多义现象,可以通过类似的问题启发学生思考。

2. 重视批判性评价

思辨能力的培养贵在质疑精神的树立。在语言学教学与实践中,我们要引导学生消解教材、教师的权威,有技巧地质疑,通过讨论的方式,对相关理论和观点做出批判性评价,培养学生的思辨精神。事实上,语言学领域中从古至今一直存在有争议的话题,如语言理据性和任意性之争。而这种长达千年的纷争就是思辨的体现,而正是思辨的魅力引领着语言学理论的不断创新。例如,在句法学领域,传统语法观认为句子是由孤立的词通过线性叠加构成的,所以研究的重点集中在词的研究,如词类划分、词汇的语法属性、词在句子中担当的成分等。然而,这种传统的分析方法无法解释句子的歧义现象。正是基于对传统语法的质疑,结构语言学家认为构成句子的成分之间是存在联系的,并非孤立的,于是提出了层级性的结构分析,为大部分歧义句的理解提供了合理的解释。然而,这种层级性的直接成分分析法仍无法解释某些歧义句。针对结构语言学成分分析法的弊端,并基于语言天赋说的猜想,美国语言学家乔姆斯基通过演绎推理逐步建立起了自己的转换生成语法体系。语言学理论的创新与发展和批判性思维密不可分,学习语言学的过程其实就是训练批判性思维技能、培养批判精神的过程。

四、英美文学选读课程与思辨能力培养

英美文学课作为我国高校英语本科专业的必修课,教育部《高等学校英语专业英语教学大纲》是这样规定的:"文学课程的目的在于培养学生阅读、欣赏、理解英语文学原著的能力,掌握文学批评的基本知识和方法。通过阅读和分析英美文学作品,促进学生语言基本功和人文素质的提高,增强学生对西方文学及文化的了解。"可以看出,英美文学课既属于语言专业课,又具有通识课的性质,即包含人文素质的培养、审美趣味的提升等层面。不少教师表示该课程自由度太大,是一门见仁见智的课,给教师带去了很大的困难和挑战。但我们

认为这种挑战恰恰反映出了文学课较之其他课程在培养学生的思辨能力上占据的优势。正所谓"诗无达诂"，一篇文学作品或者一个文学人物可以从多种不同的角度去解读，学生阅读讨论文本的过程就是一个不断质疑、追问、分析、评价的过程。实践证明，文学课堂上教师坚持以读本为中心，以问题为导向的教学模式将有助于学生思辨能力的提升。

（一）以读本为中心

当前，许多院校的英美文学课依然采用"以文学史为主，以作品选读为辅"的授课形式。然而，在"以史为纲"的思维定式下，教师的注意力大多放到了总结主题思想、人物性格、写作风格等知识点上，原著或选读的比例被最大限度地压缩，几乎沦落到了花边点缀的地步。学生们也误认为只要背诵了各类文学知识或文学术语，就算掌握了这门课的精髓，不少人甚至得出"文学课就是死记硬背"的结论。一学年下来，学生背诵了一大堆毫无生气的作家作品名，却几乎不曾完整地读过一本英文原著，不可不谓之悲哀。由于缺乏对文本感性层面的接触，他们只能心虚着徘徊在作品的外围；由于触及不到文学的内核，也就更谈不上丰富内心世界，提高思辨能力了。

要想改变这种现状，我们认为必须让英美文学课回归到文学性上来。复旦大学中文系教授陈思和有过一段"星空"的类比，他说："所谓文学作品与文学史的关系，大约类似于天上的星星和天空的关系。构成文学史的基本元素就是文学作品，就像夜幕降临，星星闪烁，其实每个星球都隔得很远很远，但是它们之间互相吸引，构成天幕下一幅极为壮观的星空图，这就是我们所要面对的文学史……当我们在讨论文学史的时候，不能不把主要的注意力放在这样一批类似'星'的文学名著上。换句话说，离开了文学名著，没有了审美活动，就没有文学史。"

可见，文学作品的意义非同寻常，作品不是附庸，更不是文学史的副产品。文学课不能纯粹上成文学史知识课，而更要有文学鉴赏的意味在里头。平心而论，按照该课程一年的课时量，以求涵盖主要英美文学名家，学的显然都是皮毛，无非是"一瞥"而已。但倘若这"一瞥"离文学本身够近，做到浓重而深刻，即便学生将来步入社会忘记了具体的作家作品名，文学课带给他们的感怀依然能伴随他们走得很远。

重拾文学性说到底就是要重拾读本，教师在重视选读的同时要减少脱离文本的各类知识点论述。"知识点笔记"式的文学课貌似离文学很近，实则是把生气勃勃的文学推远了。一通笔记下来，文学脉络倒是有了，可内涵丰富的作品却变作了一个个干瘪的符号，食之无味，学生在思维方面也得不到任何训练。所以，教师在课堂上做必要的作品介绍、术语解释以期引发学生的兴趣是有必要的，但所有的讲解都必须基于一个前提，那就是不得脱离作品讲作品。更何况在网络搜索时代里，学生从不缺少唾手可得的作家生平与故事梗概，他们需要的是对文学的感受能力，一种有待引导的阅读与探究。

我们结合以往的教学经验，从大纲里筛选出了若干部难度适中、篇幅适中的英美文学作品让学生课下阅读，多以十九、二十世纪的作品为主，多以中短篇小说、诗歌为主，（特别重要的长篇可采用章节摘录的形式）。所遴选的作品基本在教材的范围内，但又不拘泥于教材。有些作品需要用脑力去读，有些作品则需要借助足够的经历去读，教师只有选择了合适的作品才能达到教学目的。

（二）以话题/问题为导向

培养学生的文学思辨能力要从"第一手材料"入手，鼓励学生读原著。那么到底该怎样指导学生朝这方面努力呢？经过多次尝试，我们认为以话题/问题为导向的讨论模式操作性较强，可作为引导学生"登堂入室"进入文学殿堂的手段。

学生初涉英文原著，不免有畏难情绪，此时，教师"引进门"的作用就显得尤为重要。我们要理解学生的心理，帮助他们克服这种情绪，不能一味机械地布置阅读篇目，用强制性的阅读命令达到目的。教师简单一句"课后回去读"，会在初期让学生感到无所适从、不得要领，久而久之则会使他们丧失阅读动力，最终远离文本。可见教师对文学课的把握不仅在于告诉学生读什么，更在于引导他们如何解读，并给予相应的监测。考虑到网络时代各种文学评论触手可及，学生可以轻松地通过"粘贴复制"来完成读书报告，教师很难进行甄别，而口头讨论由于形式比较自由，在汇报的过程中可以通过一系列的追问来检验学生的阅读深度，相比之下更切实可行。所以，我们选取难度适中且完整的文学作品作为阅读材料，坚持在阅读初期抛出一些与文本密切相关的、可议性强的话题让学生在课下思考，并在下周上课时通过 ppt 展示的形式进行口头汇报，引发全班讨论。

具体操作方法如下。

①进行班级分组，每组 6 人左右。

②通过抽签，各组得到不同的篇目以及各自的汇报时间。如上文所说，篇目多选自不同时期重点作家的代表作（以十九、二十世纪的作品为主），与教

学内容基本保持一致。讨论初期以诗歌、中短篇小说为主，后期逐渐过渡到中长篇。选文力求多样，涵盖不同的主题，例如，改变与逃避，恐怖小说与爱伦坡笔下的"黑暗"，隐性/显性的恶，霍桑与清教主义，等等。该类话题主要是方便教师设置思考题，但考虑到它们有可能会预先影响学生的独立判断，或分散他们对篇目本身的注意力，本阶段可不展示给学生。

③教师按照各组的时间表提前一至两周布置相关思考题。题目大体分为两类：一类从"大局"入手，充分给予学生从不同角度诠释作品的空间；另一类较具体，多针对某些场景、某句话或者某个细节描写，提醒学生文本细读的重要性。

所有问题面向全体学生，即全班同学都要思考，都有被提问的"风险"，但只有任务小组准备 ppt，负责组织陈述。另外，教师要给予任务小组一定的自由度，允许其在思考题的基础上自由发挥，选取感兴趣的话题或角度进行自由讨论。

④任务小组进行 ppt 展示。一名或多名小组成员上台围绕思考题表达立场，所有论点需要以原文做支撑，出处在 ppt 上标明。教师记录下新颖或值得商榷的观点，留待小组汇报后全班二次讨论使用。小组汇报要求用英文表述，而在自由讨论环节，为了鼓励学生畅所欲言，允许讲中文。此阶段教师要培养学生仔细倾听、勇于质疑的意识。讨论结束后，教师总结发言，简析各方观点，提醒被忽视的文本细节，引发后续思考。

我们发现，这种以问题为导向的讨论方式一方面充分调动了学生自主学习的积极性，一方面也使得阅读与思考环节更具有操作性。在一个师生共建的和谐气氛下，阅读不再是一项枯燥的任务，思考也不再仅仅流于故事表面。学生们化身为文学世界的福尔摩斯，兴致勃勃地去探究或人物或情节或语言的一个个谜团。诚然，正如合格的侦探须对案情了如指掌，合格的阅读者也必须经过原著细读才能做到言之有物、有理有据。所以，教师要引导学生从语言文字入手，紧贴文本的研究习惯。同时，这也解释了为何教师在篇目选择上要把"可议性强"作为一个重要标准：只有作品引发的问题足够开放有趣，我们才能通过一步步的追问，监控学生的阅读深度（是不是网上的"剪刀与糨糊"的拼接），而学生也能在各执一词的辩论中体会到文学参与的乐趣和个性张扬的成就感，达到阅读与思考相辅相成，互为一体的效果。

教学实践证明该讨论方法非常适用于外向型的班级，学生高涨的积极性常常带给教师惊喜和灵感。当班上的活跃学生就某个问题针锋相对时，其他同学也不免心痒好奇，渴望参与其中。然而，不读原文便没有发言权，为了能更好地融入班级讨论,越来越多的学生会提前做好阅读功课,渐渐地从文学的旁观者变成文本的参与者。在内向沉默型的班级中,该讨论模式虽无法像在外向型班级那样做到"全民参与",但倘若教师能给予足够的鼓励和支持,一样会点燃学生的思考热情。唯一不同的是,在面对不够活跃的学生时,教师不能单纯地依靠学生彼此间的激烈讨论碰撞出思维火花,而是需要自己去充当打火石的角色,引发不同观点,于不断质疑、不断追问中拨动学生独立思考的意识,培养其打破常规的思辨精神。

第六节 商务翻译的创新研究

一、东西方文化差异与商务英语翻译

商务英语翻译离不开商务活动,蕴含着丰富的文化、商务传统习俗和商务礼仪等。英语和汉语两种不同的文化背景,造成了人们生活习惯、思维方式以及语言表达方式等不同方面的明显差别,本节从东西方文化差异的角度出发,探讨了商务英语翻译中的东西方文化的差异对商务英语翻译产生的影响。

随着对外经济和国际贸易的发展,不同文化之间的商务活动也越来越多,商务英语翻译也扮演着不可或缺的角色。商务活动和经济利益关系密切,如果翻译得体,会带来巨大的经济效益;而不成功的翻译,不仅会给企业带来重大的经济损失,还会直接影响企业的形象,因此翻译的准确性、得体性在商务英语翻译中显得尤为重要。东西方国家由于文化的差异,人们在思维方式、风俗习惯等方面都存在着一定的不同,从而对商务英语翻译造成了很大的影响。

随着经济贸易全球化的发展,世界各国不同文化之间的经贸合作和交流也逐渐增多,商务英语作为不同文化和语言的沟通桥梁,成为一门新型的综合性专业学科。商务英语属于专门用途英语,专门用于不同文化和语言的商务活动中,商务英语是普通英语的延伸,因此,其语言学特征和普通英语没有太大区别,但商务英语同时又涵盖商务知识,因此又具有特殊性。

商务英语是人们在不同文化和语言背景下进行商务活动时所使用的国际通用语言。20世纪80年代的中国,商务英语主要用于对外贸易,因此又称外贸英语。随着经济全球化的发展,我国在更多的领域融入国际社会,商务英语的含义也得到了扩展。

"商务英语",顾名思义,包含商务活动和英语两个方面。商务英语是在跨国商务活动中使用的语言,是一种专门用途英语,主要为跨国商务活动服务。

商务英语多使用在跨国商务中，是跨国公司和企业用于沟通和交流的语言，和商务礼仪、行业惯例、民族文化风俗有着密切关系。

1997年，英国有关商务英语方面的专家提出了"商务英语范畴"理论，在他看来，商务英语应该包括语言学知识、沟通交际技能、相关专业知识、管理技能和民族文化背景等内容。商务英语的重要组成要素包括语言能力和沟通交际能力。首先，语言能力是交际能力的基础。其次，商务背景决定了该语境中需要运用的交际能力。

翻译商务英语时，必须要了解和掌握商务背景知识和专业术语，因为有些我们熟悉的词汇在商务背景下有了特殊的含义。例如，"enquiry"通常的意思为"询问、打听、调查"，但在商务英语信函中指的是"询盘"。

同时，参与商务活动还应具有较强的跨文化意识。商务英语翻译不只是不同文化背景下语言之间的转换，也是不同文化信息之间的沟通和交流。所以，商务英语翻译工作者，除了熟练运用语言外，还要熟悉英美国家的文化背景、风俗习惯，这样才可避免在商务活动中和不熟悉的人打交道时造成失误。王佐良先生也曾指出："不了解语言中的文化，谁也无法真正掌握语言。"翻译是用语言来反映文化，承载着丰厚的文化内涵，并受文化的制约。语言用于交际，便存在着对文化内涵的理解和传达，这不仅要求译者要熟练掌握源语和目的语，还要对东西方的文化差异有一定的了解，以便在跨国商务活动中游刃有余。

中西方属于不同的民族，不同民族有着不同的历史背景、不同的风俗习惯、不同的宗教信仰，因此其思想观念和思维方式、对不同事物的理解就存在巨大的差异，这些差异造成了不同民族之间的文化差异。

（一）中西方的不同文化差异

1. 对动物认识的文化差异

由于历史背景、风俗习惯和文化传统的差异，在中外文化中，人们对动物的认识有所不同。例如，在中国文化中，大象是大家所喜欢的动物，具有吉祥的寓意，因为大象的"象"字和"祥"字谐音。我国的傣族人民历来把大象看作极限、力量的象征。而在西方文化里"elephant"除了"大象"的意思外，还有"累赘""大而笨重的东西"等贬义。因此，知名品牌"白象牌电池"最初翻译为"White Elephant"，在西方市场遭遇挫败。因此，在翻译商标时，必须了解不同的国家由于民族文化的不同对于不同事物所赋予的不同的含义。

2. 颜色的文化差异

不同民族文化对于颜色的理解往往存在着很大的差异。在中国，红色代表喜庆，往往和纪念日、庆祝活动、节日或喜庆的日子有关，把热闹兴旺叫作"红火"，把成功、顺利叫作"走红"，分到合伙经营的利润叫"分红"，发奖金叫"发红包"，把漂亮的女子叫作"红颜"。而在西方文化中，红色（red）一词，往往让人联想起"暴力""血腥"。比如"red revenge"（血腥复仇），"red flag"（危险信号旗），它还象征着"放荡""淫秽"。虽然 red 也有喜庆的意思，比如"roll out the red carpet for sb."，意思是"铺开红地毯欢迎某人"，但这也得益于东西方文化的融合，其褒义也是从远东经波斯传入西方的。

在中国的传统文化里，白色与红色相反，是人们忌讳的颜色。白色是枯竭和萧条、没有生命力的表现，象征着死亡，是凶兆，白色容易让人联想到死亡。在西方的文化里，白色没有这么丰富的象征和衍生含义。西方人认为白色高雅纯洁，所以西方人崇尚白色。例如，white lie（善意的谎言），white soul（纯洁的心灵），white man（廉洁、诚实的人），white spirit（正直的人）。

在中国，黄色也是人们崇尚的颜色，我们称自己是"炎黄子孙"。在古代，黄色象征着权威、皇权，因此封建帝王都穿"黄袍"，嘉奖大臣赐"黄马褂"，故宫也以黄色为主调。在西方，黄色则代表"背叛"，因为在《圣经》故事中，尤大为了 30 枚银币出卖耶稣时，一直穿着黄色的衣服，后来黄色在西方文化里往往象征着背叛、胆小和卑怯。比如，yellow dog（卑鄙的人），yellow-livered（胆小的），yellow card（黄牌警告）。

3. 数字的文化差异

在商务英语翻译中，中西方对数字的含义有着不同的认识。在中国的传统文化里，"九"是大家所喜欢的数字，是个吉祥数字，代表天长地久、吉祥如意。如我国的知名企业——"九九九药业"，如此命名是希望事业长久。在中国，"八"也是个吉祥数字，尤其在商界颇受欢迎，它和"发"谐音，代表"发财""生意兴隆"，是人们喜欢的数字，而"四"这个数字则和"死"谐音，中国人忌讳谈"死"，因此"四"被认为是个不吉利的数字。比如知名品牌"Goldlion"，一开始译为"金狮"，但"狮"和"死"谐音，一开始销量不好，后来改译为"金利来"，销量大增。在西方国家，"十三""三"不受欢迎，因为大家认为这是极不吉利的数字，他们比较喜欢"七"这个数字，认为这个数字是大吉大利、积极向上的象征。

（二）东西方文化差异对商务英语翻译的影响

美国的翻译家认为，在翻译时要考虑不同民族文化的对等，应该把源语文化背景下的语言转换成目的语文化背景下的语言。

1. 标识语的翻译

标识语往往简洁凝练，力求在极短时间内让读者获取必需的信息，因此，标识语的翻译不仅仅是简单的语言转换，在翻译标识语时既要考虑到简洁的语言特点，又要考虑到不同文化背景下标识语在语言表达上的差异。例如，"济南是我家，清洁靠大家"，被译为"Jinan is our home, its cleanness depends on all of us"，从字面上来看，该译文忠实于原文，没有不妥之处，但是该译文很明显是按照汉语的表达习惯翻译的，内容啰唆，不够简洁，不符合标识语的特点，所以应改译为"Keep Our City Clean"。又如"注意安全，请勿攀爬单边墙"译为"Pay attention to your safety, don't climb the single wall"就不贴切，该译文没有考虑到英语的表达习惯，也不够简洁，而应简化为"No Climbing"。

2. 商标的翻译

商标是用于区别其他商品的标记，是商品信息的载体，消费者往往通过商标来了解商品的属性。因此，在对外贸易中，商标翻译的好坏影响着商品能否顺利打入国际市场。由于风俗习惯和文化传统的差异，不同国家的人们对于商品标识的理解大不相同，所以，译者在翻译时要深谙中西方文化差异。例如，德国汽车品牌"Benz"最初打入中国市场时译为"笨斯"，销量惨淡，因为"笨斯"和"笨死"谐音，后改译为"奔驰"，成功打入中国市场。中国羽绒服品牌"鸭鸭"在打入国际市场时，一开始译为"Duck"，因为西方人认为鸭子呆笨，联想穿上该品牌的羽绒服也会有臃肿呆笨的感觉，所以该品牌在西方销量不高，后来音译为"Ya Ya"，该翻译朗朗上口，简洁易记，该品牌很快受到了人们的青睐，成功打入了国际市场。

3. 广告语的翻译

广告的目的是向公众推介某种商品和服务，其主要功能是劝说功能，以此来诱导说服消费群体，因此，翻译国际性商品广告时应充分考虑产品销售对象的语言习惯、文化沉淀，以便更好地推销商品或服务。例如，"要买房，到建行"译为"Wanna a house of your own？Buy one with our loan"，因为该广告是为银行信贷服务做宣传，鼓励大家去建行贷款买房，因而不能直译为"Buy a house in our bank"。又如"食在广州"译为"East or west, the Guangzhou cuisine is best"，因为该广告是想为广州的美食做宣传，鼓励大家去广州品尝美食，因而不能直译为"Eating in Guangzhou"。

随着我国对外贸易的发展，越来越多的国产商品正在打入不同文化背景下的国际市场，同时，也有越来越多的西方品牌打入中国市场，由于文化背景、风俗习惯各不相同，因此，译者在进行商务英语翻译时要充分考虑东西方文化差异给商务英语翻译所带来的影响。想要确保商务英语翻译的准确性，就要重视东西方不同民族文化背景对其的影响，作为翻译工作者，不仅要熟练掌握源语和目的语的语言学基础知识，还要了解其民族发展、历史文化，提高自身的文化修养，这样才能从跨文化的角度进行准确的翻译。只有这样，才能使不同文化背景下的商务活动能够顺利进行。总而言之，随着经贸全球化的发展，不同文化背景下的国际商务活动越来越频繁。为了在国际商务活动中进行自如贴切的双语转换，有必要了解东西方文化的差异并重视东西方文化差异对商务英语翻译的影响，以期获得最大的经济效益。

二、跨文化视角下的商务英语翻译对等功能

商务英语翻译既是文本信息传递，也是一种跨文化交际。由于中西方文化存在差异，商务英语翻译难免存在信息传递的不准确性和信息不等值。美国著名翻译理论学家尤金·奈达提出的功能对等理论，强调从语义到语体文本信息传递的准确性，使原文与译文形成相同的超语言交际效果。本部分探讨了跨文化视角下的商务英语翻译对等功能，分析了功能对等理论在跨文化视角下商务英语翻译中的具体应用。

随着世界经济的发展趋势不断走向全球化格局、多元化方式，各国商务往来愈加频繁，英语作为各国商务贸易中的通用语，在商务活动中的地位不容忽视，既是语言载体更是文化桥梁。然而，商务英语由于自身专业性、强逻辑性、简明性、体裁特定性等特点，对翻译具有更高的要求。商务英语翻译重在交际意图的达成，如何实现这一目的，必须要对跨文化影响因素进行正确的认知，尤其是风俗习惯、语言规律和交际情境等，并遵从对等功能理论的指导，而不是一味拘泥于原文形式，生搬硬套，只有这样，才能确保达成翻译效果，实现信息等值。本部分基于商务英语翻译实践，简述功能对等理论的基本内涵，分析影响商务英语翻译的文化因素，探索跨文化视角下功能对等理论应用的具体措施，为提高跨文化视角下信息传递的准确度提供参考。

（一）功能对等理论的内涵

源语和目的语转化过程中的信息准确性和信息等值性是语言翻译实践中的核心问题，为实现译文语言从语义到文体再现源语的信息，美国著名翻译家及语言学家尤金·奈达在其长期的翻译工作中，通过总结前人的翻译经验，并根据翻译的本质，提出了"功能对等"理论，为语言翻译提供了一个标准，为提升语言翻译水平提供了全新的视角。何谓"功能对等"？顾名思义，就是说翻译时不求文字表面的死板对应，而要在两种语言间达成功能上的对等。尤金·奈达所强调的功能对等，主要涉及两个方面的内容：其一是翻译形式的对等，主要通过在译文中改变原文的形式达到再现原文语义和文化的目的，主要目的是要保持译文信息内容和源语信息内容的一致性，以此来从形式上消除文化的差异性；其二是翻译信息的动态对等，主要包括词汇对等、句法对等、篇章对等、文体对等四个方面，解决了源语和目的语转换过程中的词汇意义、语义、风格和文体等方面的对等问题，实现了文化信息的深层次传递，在尤金·奈达看来，"意义是最重要的，形式其次"，这能确保源语的意思在目的语的表达中得到充分展现。

事实上，在翻译实践中，翻译工作者很难实现从句型上来解决文本信息传递的等值性。一些译者倾向于通过将源语的深层结构转换成目的语的表层结构来解决读者的阅读困难问题，但导致源语文本信息失准，实际上并没有解决文化差异问题。尤金·奈达提出的"功能对等理论"，强调要把握好词汇对等、文体对等、篇章对等、问题对等这四个基础的动态对等，从语义到文体层面来处理好文化差异问题，最终实现译文从语言形式到文化内涵都再现源语的风格和意义，达成文本信息和文化内涵的准确和等值传达，创造出既符合原文语义又体现原文文化特色的译作。

（二）影响商务英语翻译的文化因素

商务英语作为国际商务交流的核心工具，是专门用途英语之一。在世界经济全球化、一体化视角下，商务英语被广泛应用于商务环境和商务活动中，从某种程度上决定着各种经贸合作的顺利开展。商务英语具有专业性强、句式结构复杂、文体格式化等特点，如 balance（剩余货物），losing party（败诉方），backfill（回填）等，都是非常专业的用语。在商务活动中产生的各类商务合同、外贸函电、法律条文等都具有极强的文体正式性，对商务英语翻译产生了一定的影响。更为严重的是，中西文化之间的差异，包括语境、语言环境、风俗习惯和表达方式等方面，对国际商务英语交流的信息对等、翻译的准确性的影响不言而喻，为了避免贸易双方产生误解，必须要对中西文化的跨文化差异进行剖析。

1. 语言表达方面的差异性

思想是行动的指南，语言是思想的外衣，是人类最重要的交际工具，是人们进行沟通交流的各种表达符号。语言具有深刻的文化烙印，由于社会文化的迁移和发展，不同地域人群的语言表达方式也大为不同，深深体现着文化的差异性，并且，距离越远，差异性越大。就中西方人群的语言表达方式而言，中国人的思维模式表现为螺旋形，即在表达中"话里有话"，一些话语具有多种意思，需要结合具体的语境来理解，表达时不是直入主题，而是先进行铺垫，将重点内容放在后面。西方人则不同，一般是直奔主题，有一说一，逻辑条理清晰，表达无须铺垫，将重点内容放在前面。因此，在商务交流中，假使不了解西方人的语言表达习惯，很可能造成翻译信息走失。

2. 民族文化心理的差异性

共同文化心理是民族的基本特征，表现为同一民族的人群在长期共同生活中形成了稳固的心理定式。民族文化心理主要包括民族意识、民族感情和民族习惯等，不同民族的人群在民族文化心理上的差异十分明显。以中西方人群的民族文化心理为例，其对同一事物的理解表现出较大的差异性。从数字方面来看，西方人认为"13"是不吉利的，中国人却不一样，认为"4"是不吉利的；从事物方面来看，西方人认为"龙"是邪恶的，中国人却非常崇拜"龙"，并把自己看作"龙的传人"；在话语表达方面，西方人用"驴"来表达愚蠢，中国人则用"猪"来替代。民族文化心理具有特殊性，不同的文化心理造成了生活、交际上的异质性，在商务活动中，必须要认清中西方在民族文化心理上的不同，只有这样，才能确保翻译信息的正确传递。

3. 地域生活环境的差异性

环境对人的性格有着潜移默化的影响，文化的差异与地域生活环境的异质性息息相关，这种差异表现得非常明显，比如在中国，北方寒冷，南方温暖，北方人和南方人的话语表达的方式就存在巨大的不同。那么，在中西方的维度上，西方人比较崇尚西风，因为在欧洲大陆只有从大西洋吹来的西风才能带来温暖，也因此形成了诸多关于"西风"的商业品牌；中国则不一样，西风不是带来温暖而是带来寒冷，其文化境遇是"古道西风瘦马，断肠人在天涯"，而东风则送暖，所以，"东风"在中国具有很强的文化意义，"东风汽车"品牌就是一种体现。所以，在商务英语翻译中，必须要弄清楚地域生活环境的差异性，促进商务交际更有效，更顺畅。

(三)跨文化视角下商务英语翻译嵌入功能对等理论的必要性审视

国际商务活动通常是在跨文化背景之下展开的,不同的文化引发的语言表达、思维方式、文化心理和地域生活等方面的差异,要求进行商务英语翻译时,必须要具有跨文化意识,除了把控好商务英语的专业性之外,还要对各国文化具有深入的了解,只有增强跨文化意识,才能实现信息翻译的准确和等值。比如,在商务交流中,汉语经常把"龙头老大"作为某一行业的领军企业,是一种褒义的表达,但是,在西方文化语境中,"龙"是邪恶的,是贬义的表达语言,所以,在翻译时不能采用"直译"的方式,切勿将"龙头企业"直译成"dragonhead corporation",这样的翻译,必然引起对方的误解甚至排斥,极有可能导致商务活动的失败。那么,根据尤金·奈达的功能对等理论,强调"意义对等"内涵,就可以把"龙"去掉,翻译为"leading corporation",既准确传递了汉语中"龙头"的意义,跨文化差异也因此消除,可谓是"一举两得",显得恰到好处。

尤金·奈达的功能对等理论把翻译文本信息的意义对等放在首位,形式上的对等放在其次,这样的翻译,实现了源语的意义在目的语中的准确转化,消除了文化上的梗阻,确保了商务活动的顺畅进行。一般来说,商务英语翻译应坚持忠实、准确、统一的原则,所谓"忠实",强调的是要做到翻译信息等值,而不是追求语法和句子结构的一致性;所谓"准确",强调的是译者在文本信息翻译中的选词、概念表达要精确,注重译文的专业性;所谓"统一",强调的是译文中的译名、概念、术语应保持一致,避免误读,方便读者理解。从尤金·奈达的功能对等理论来看,不仅遵循了商务英语翻译的三大原则,还消除了商务活动中双方在文化、习俗等方面的差异,实现了译文与源语表达的意义一致、内容一致。对于商务英语翻译人员而言,将功能对等理论应用于商务活动翻译中是尤为必要的。

(四)跨文化视角下商务英语翻译功能对等理论的应用

从商务英语翻译的范畴来看,其主要涉及的内容包括商务合同、商务函电、商务广告商标等,跨文化视角下商务英语翻译功能对等理论的应用也将围绕这几个方面展开。

1.功能对等理论应用于商务合同翻译

商务合同是具有法律效力的文本类型,语言具有规范性、条理性、严密性和真实性等特点,同时,商务合同用语规范,专业性非常强,对译者的知识能力要求极高，假使翻译词不达意，极有可能给贸易双方带来巨大的经济损失。对此，在翻译过程中，要求译者熟悉商务业务，尤其要全面掌握专业术语，并且要坚持商务英语翻译的准确性、专业性、灵活性和中立性原则，构成国际上可接受的一套公式化语言，只有这样，才能实现商务合同信息的准确无误传递。功能对等理论应用于商务合同翻译中，可采用"直接转化"和"归化翻译"的策略，尤金·奈达提出，"如果直译能够实现文本的外延，那么就不需要归化了"，所以，在商务合同翻译中，经常会应用到"直接转化"的方式。当然，使用"归化翻译"策略也是尤为重要的，并且要坚持在忠于原文主旨和正确理解专业术语的原则下应用，达到文体风格对等。

2. 功能对等理论应用于商务书信翻译

商务书信是商务活动中信息交换和交流的重要手段，对商务信息传递、商务相关事宜处理和贸易双方之间的联络具有非常重要的作用。可见，商务信函翻译是商务英语翻译的重要工作。基于商务信函专业性强、用语委婉、表达礼貌等特点，在应用功能对等理论时，必须要注重文化信息功能、文体风格的对等。比如，汉语文化在人文称谓方面，习惯于将男士放在前面，关于"Dear ladies and gentlemen"的翻译，就应该把男士放在前，译为"尊敬的先生们、女生们"，这样，就实现了内容的对等和意义的对等。此外，英汉语言都注重礼貌，但表达时各有不同，那么，在翻译时，应该要善于解决礼貌表达问题，实现文体风格上的对等。

功能对等理论在商务广告和商标翻译中的应用也较为广泛，在翻译中，要善于把握广告和商标内容的客观性和简洁性，不拘泥于英文自身的内涵，体现出功能对等理论中的功能平衡宗旨。可以考虑采用定向翻译的策略，但必须要规避跨文化差异，考虑读者信息的对等，比如在对"Nike"这一运动品牌进行翻译时，将其翻译为"耐克"，不仅达到了发音的对等，而且成功地表达了商品"坚固、耐穿"的品质，完全契合中国人的文化意识和审美习惯。

总之，商务英语作为一种具有特殊用途的英语，具有其自身独特的语言特点，即专业、简洁、精确、一致、严谨、规范、完整，意味着商务英语翻译与一般的文学文本翻译存在较大的区别。大量案例表明，功能对等理论在跨文化商务英语翻译中具有指导作用，能消除中西文化的差异，具体应用要坚持"忠实""准确""统一"的商务英语翻译原则，通过"直接转化"和"归化翻译"等策略，确保在源文本与译本之间实现最贴切的"对等"，促进商务贸易活动的顺畅开展。

三、图式理论与商务英语翻译

当前,随着世界各国的商业往来越来越频繁,商务英语翻译在经济活动中的作用越来越重要。译者作为一座连接源语言与目标语言的桥梁,其"翻译能力"在语言运用和信息获取方面也变得愈加重要。图式理论是认知心理学家用来解释人们理解某件事的心理过程的理论,本部分从图式理论的表现形式和功能来解释商务英语翻译的过程,译者只有充分激发大脑中的各种相关图式,发挥其认知能力,才能更好地为商务英语翻译服务。

翻译行为是获取信息的重要途径,高效、准确地获取商业信息在商业活动中尤为重要。在经济全球化的今天,几乎90%的人每天都在与商务英语打交道。由于商务英语翻译的特殊性,译者既要懂得商务方面的基础知识,熟悉其中的术语,又要能用通顺流畅又得体的语言表达出来,难度可想而知。借助图式理论,译者能更好地理解商务英语的"名与实",从而做好源语言和目标语言的图式转换。

(一)图式理论的发展

图式理论最早由德国心理学家、哲学家康德提出,并解释了"图式"理念的哲学内涵——在人脑中已经存在的概念与认知概念的联系。他认为人们在理解新事物的时候,需要将新事物与已知的概念、过去的经历和背景知识联系起来。对新事物的理解和解释取决于头脑中已经存在的图式,输入的信息必须与这些图式相吻合,如果大脑不具备相关的图式,或者虽然具备了相关图式,但由于种种原因未能激活它,那么就不能理解新事物。"图式"行为主要有两个原动力:概念驱动和数据驱动。概念驱动指一个"图式"可以激发多个"子图式";数据驱动指多个"子图式"触动某个"图式"。这两种形式都能很好地帮助并促进人们的理解行为。因而可以说,图式理论对于人们理解某个概念是非常重要的。

(二)图式理论与商务英语翻译

1. 商务英语翻译的特点

(1)词汇特征

商务领域包括商业、营销、管理、旅游、后勤、国际经济法等,因此商务英语词汇非常丰富。其最突出的特点就是词汇的职业化程度高,有着相对狭窄的意思,比较职业化、技术化。一般英语翻译中有很多词语都会出现在商务英语翻译中,但加上商务语境之后意思就和原来的大相径庭。例如,"average"

的基本意思是将几个东西加在一起得出总和然后再算平均；但"average"在商务英语中表示"利润损失"；又如"commission"的基本意思是政府组织。但"commission"在商务英语中表示佣金。这类的词汇还有很多。

此外，为了提高交易效率、节约时间，商务英语中还出现了许许多多的缩略词，"Advertisement"被缩略为"Ads"，又如"Bills of landing"被缩略成"B/L"。这些缩略词在商务交易中经常被使用。

在商务英语翻译中有许多有着复杂句法结构的长句，有时甚至是一整段文字。如果没有分析清楚语法和句法结构，译者在翻译时将会感到理解有困难，翻译比较吃力。在商务英语中有着许多类似的长句，加大了译者的理解难度。

（2）结构特征

与一般英语语篇多样的形式不同，商务英语语篇的形式大多是固定的。商务英语语篇的种类大致相同，有着很好的逻辑和连贯性。合理的逻辑包括合理的句子结构以及合理的段落、文章思想。良好的连贯性包括句与句、段与段之间的连贯。商务英语语篇有着复杂的结构和严密的逻辑结构。因此，在翻译商务英语时，译者不应局限于字、词、句，而应该关注句法结构和逻辑思想，这样才能快速抓取有用信息，提高翻译速度。

2. 图式理论在商务英语翻译中的作用

在了解了商务英语的特征之后，可以借助图式理论来解决翻译中遇到的困难。从图式理论的角度看，商务英语译者只有建立相应的语言、内容图式才能搞好商务英语翻译工作。图式理论在商务英语翻译中主要有如下三个作用。

（1）信息处理

"图式"是大脑中已有的知识，在翻译时这些知识能够将译者的注意力转移到熟悉的信息上，理解的过程就是脑中已有的信息和文本中新信息交互的过程。当译者将先前的"图式"和文本信息联系在一起的时候，他就能理解其中的意思。当译者接收新信息后，译者将根据翻译的要求自主识别、重组这些相关的图式以获得新信息的内涵。反之，译者没有和文本相关联的"图式"则不能理解文本。如果译者脑中相关的"图式"足够，但是文本提供的新信息不足，亦不能理解文本。当译者对商务英语翻译有了一定的基础认识，这些认识将以"图式"的形式储存在脑中，等到接收到相关新信息才被激活。

（2）记忆提升

大脑的运作方式非常复杂，接收到一个命令之后，两个神经组就开始高速运作了：一个接收、处理新信息；另一个存储相关信息来完成命令。换言之，理解的过程就是语言知识和图式知识的相互配合。上文已经阐述了图式理论在处理信息时的作用,当译者处理信息时,脑中的"图式"会使其将注意力放在重要的信息上,也能够帮助记忆这些重要信息。之后这些信息将被加到之前相关的图式中,从而增强这一方面的图式,也增强了子图式间的联系。通过这种方法,记忆也就得到了增强。

(3)理解力增强

理解不仅依赖于文本传递的信息,还依赖于译者的背景知识。例如,受教育程度、文化背景、人生经历、艺术爱好等。假设一个没有商科背景的人阅读商务英语,就算查阅了所有的单词,分析了语法结构也很难理解文章。相反有着商科背景的人就算在词汇或语法上有问题,也可以推测文章的意思,从而读懂文章,这一推理的过程就是"图式"运作的过程。从某种程度上说,"图式"可以被理解为背景知识。在翻译前,译者需要广泛浏览商务英语文本,了解相关背景知识。根据文中的语言知识,译者能够在背景知识的帮助下分析并推测文章意思。我们可以发现,在翻译的整个过程中,"图式"扮演着非常重要的角色。

图式理论自问世后就被应用于外语阅读教学中,现在在翻译领域也得到了评论家们的注意。本部分通过探讨图式理论中语言、内容、结构图式与商务英语翻译的关系,提出在商务英语翻译教学中应加强国际商务知识、商务专用术语和套语以及商务英语结构的教学。图式对商务翻译者是否能出色发挥其中介作用、使译文最大限度地表达原文的内容,具有不可小估的影响。因此,商务英语译者应常常注意扩充自己的知识,丰富自身的图式,只有这样,才能产出优秀的译文。

四、电子商务英语翻译探究

当前,电子商务在社会发展中的地位不断提升,电子商务的快速发展深刻地改变了人们的社会生产和生活方式,促进人们的消费和金融理财方式出现改变,而要推动电子商务的国际化发展,必须要有发展的全球观,强化电子商务在不同国家和领域的应用,对此,电子商务行业对于高素质语言人才的需求旺盛,电子商务专业学生要提升自身的竞争力,需要不断提升英语水平,这样才能在未来的电子商务岗位中更好地实现自身的价值。对此,本部分主要介绍了电子商务英语翻译特征,分析电子商务英语翻译教学中存在的突出问题,并重点探究电子商务英语翻译教学的有效实现路径,为优化电子商务人才培养提供一些思路参考。

当前,互联网快速发展,经济全球化已成必然趋势,针对国际电子商务贸易的发展，我国提出了要培养更多的复合型语言人才的战略目标，这进一步推动了电子商务英语教学的发展。作为电子商务英语教学中的重要课程，电子商务英语翻译和相关的电子商务交易活动之间有密切关联，提升电子商务英语翻译水平，对于促进电子商务教育发展具有重要意义，而要实现这一目标，必须要重视电子商务英语翻译教学实践工作的开展，保证电子商务英语翻译教学工作有效开展。

（一）电子商务英语翻译特征

1. 专业性强

电子商务快速发展，加之全球化进程加快，国际电子商务事业也快速发展起来，需要更多的具有一定国际交际能力的电子商务翻译人才。就电子商务英语来看，其包含的内容非常丰富，是一门专业性比较强的学科，要想切实提升电子商务英语翻译水平，需要强化对相关英语专业词汇的把握，能够熟练应用一些专业词汇和技术语言等，且电子商务英语中的语言应用在一定程度上需要和普通英语进行区分，有时候普通英语中的表达放在电子商务英语中可能会表达完全不同的意思，一些普通英语交际中的词汇在电子商务英语翻译中可能有其他的意思，这些都对翻译人才提出了较高的要求，需要人才有一定的知识储备，针对相关方面有一定的了解和研习，具备扎实的电子商务英语基础。

2. 精准性高

电子商务英语翻译中，对于相关国际化电子商务文件的翻译，要求完全精准，翻译的意思理解起来不能模棱两可，必须要具有一定的专业性和准确性。一般这类翻译文件的语言表达需要保证严谨，不能掺杂个人情感和主观意见，保证翻译的客观精准。在具体的电子商务英语翻译工作中，需要保证文件翻译内容和实际意思完全一致，不需要多余的点缀和修饰，精准即可，避免导致理解上的偏差。这就需要相关翻译人员在翻译的过程中，能够保证语言和词汇表达准确无误，保证整体的意思表达精准到位。在具体的翻译过程中，还需要遵循一定的商务原则和谈判礼节，而对于对方提出的建议一般采用被动时态或是将来语态进行表述，针对一些建议的提出也需要保持礼貌谦虚的态度，避免造成对对方的不尊重。

3. 缩略词汇使用频率高

在电子商务英语翻译中，因为很多词汇都是电子商务领域的专有词汇，所以相关的专业术语、专有名词等都可能存在相应的缩略形式，这时候在一个文件的翻译中，可以首次针对这些词汇进行完全呈现，在后续的翻译中，则需要适当进行缩减，使用缩略词或者是简称的方式来表述，避免重复。这种翻译也能够促进表达效率的提升，帮助理解，对此，相关翻译人员也需要掌握更多的专有词汇的缩略形式，做好基础性准备工作。

（二）电子商务英语翻译教学现状

1. 教学专业性不强，人才培养和市场脱节

目前，很多高校、高职院校中都开设了电子商务英语专业，就其翻译教学来看，相关的教学内容专业性不强，电子商务英语翻译教学更多的是泛泛而谈，教学的内容宽而广，针对性不强，电子商务英语翻译的教学内容，可能仅仅是组织学生针对某次具体的电子商务会谈和谈判展开翻译，没有具体的课程教学设计，缺乏针对性，其培养出来的人才往往和市场需要相脱节，毕业生在毕业后想要从事相关的电子商务英语翻译工作，但是往往需要花很长的时间来适应，且这个过程也比较艰难，因为教师的教学内容和实际的工作需要关联不大，学生就业后需要学习的内容还有很多，一些人因为存在畏难情绪，只能选择放弃，重新投入其他行业的工作中，这样的人才培养和目前的电子商务英语人才市场发展是不相适应的，需要尽快转变和调整。

2. 实践教学不足，学生的语言实际应用能力不足

电子商务英语翻译对于人才的实践能力要求比较高，因为电子商务英语翻译人才很多要直接进行同声传译，所以他们需要具备扎实的语言基础以及灵活的应变能力，这些能力是需要多多在相应的工作场合中进行锻炼的，需要通过积极开展电子商务英语翻译实践练习来获得，而目前相关院校的电子商务英语翻译课程教学，对于实践部分的教学工作不重视，教学的重点主要放在了学生对于英语语言基本功的练习上，教师注重强化专业词汇积累，忽视了语言应用能力，导致学生虽然考试成绩优异，但是在实际工作岗位中的表现并不理想。

3. 缺乏优质的师资队伍，翻译教学质量有待提升

目前，在电子商务英语翻译教学中，相关的课程教师自身的电子商务英语翻译水平有限，大部分电子商务英语翻译教师自身并没有相关的工作经验和经历，因此，在电子商务英语翻译课程教学中，他们更多的是通过教材来按部就班地开展课程教学，在实际的教学过程中，忽视了实践的重要性，在这种情况下，电子商务英语翻译课程教学的质量很难得到有效提升，对于电子商务英语翻译教学的发展是非常不利的。

（三）电子商务英语翻译教学对策

1. 做好市场调研，提升人才的岗位适应性

统计数据显示，中国跨境电商领域的人才缺口，据不完全统计有450万。中国应届大学毕业生也存在专业知识不扎实、视野不宽、知识面窄、知识陈旧等不足。就其中的电子商务英语人才缺口来看，其也是目前国际电子商务人才所缺少的重要成分。而目前相关院校的电子商务人才培养中，对于电子商务英语翻译人才的培养缺乏市场基础，对此，相关院校要做好市场调研工作，了解目前电子商务英语翻译人才的主要培养方向，优化电子商务专业的课程设置，提高电子商务英语翻译教学的效率，提升未来毕业生的岗位适应性。

2. 强化实践教学，积极探索校企合作路径

为进一步提升电子商务英语翻译人才的语言实践应用能力，促进他们在未来的工作岗位中有更好的表现，相关院校要积极构建校企合作育人基地，为学生提供实践的场所，营造良好的语言翻译学习环境，基地投入使用之后，相关电子商务专业可以定期开展"全英语封闭式训练营"活动，分批次在电子商务英语教学实训基地开展，实现真正的全英语封闭式教学。围绕英语教学实训基地的实践教学活动，对电子商务专业的课程设置、课程体系进行相应的调整，突出技能优先的"教学+训练"理念。英语教学实训基地不但是电子商务专业的校外实训基地，同时也是电子商务技能教导队的培养基地。经过基地的锻炼和培养，电子商务技能教导队将发挥重要作用。除开展电子商务专业的外语翻译教学工作外，实训基地还可以承担跨境电子商务、英语夏令营等社会服务工作，方便院校和专业开展跨境电子商务运营，包括组建学生创业团队、开展跨境电子商务培训等。通过有效的实践基地建设，促进学生的语言实际应用能力不断提升。

3. 注重师资培养，提升教学质量

针对目前电子商务英语教学中师资水平不足的问题，相关院校要完善电子商务英语翻译师资队伍建设，注重培养更多的优质师资，开展专业教师的培训教育工作，安排教师进入企业学习提升，不断强化电子商务英语翻译教学的技能传授，促进电子商务英语翻译教学质量不断提升。

电子商务英语翻译人才是目前市场中的紧缺型人才，针对目前电子商务英语翻译教学的现状，相关院校要强化专业人才培养工作，积极探索电子商务英语翻译教学的改革和优化路径，切实提升人才培养质量。

五、论译者隐喻能力与商务英语翻译

商务英语是一种综合了商务知识和技能、英语语言知识和跨文化交际知识的一种特殊的交际系统,要准确处理好商务英语中概念隐喻的翻译,要求译者除了具备最基本的翻译能力之外,还应该具备良好的隐喻能力。具体表现为以下四点:客观评估隐喻在商务英语翻译活动中的价值;敏锐提取语言符号中的概念意义;准确传递隐喻中的文化内涵以及合理实现隐喻中的概念整合。

商务英语是实用性和专业性都很强的应用性语言,被广泛运用于各种商务活动中,是经济生活得以顺利进行的媒介和载体。近年来,随着全球化进程的日益加快以及我国对外开放程度的不断提高,商务英语翻译开始承担越来越重要的任务。作为专门用途英语的一个重要分支,商务英语虽然具有特定的内容和语用规则,却仍摆脱不了概念隐喻的时刻存在。通过认知语言学近几十年来的蓬勃发展,国内外学者对隐喻的多维研究已经使隐喻成功完成了从一种语言现象到一种认知现象的转变。如今的隐喻"不但渗透到语言里,也体现在思维和活动中。我们借以思维和行动的普通概念体系在本质上是隐喻性的"。隐喻思维在生活各个方面的渗透使得人们也会大量借用隐喻去描述、讨论与经济有关的概念和事件。"可以毫不夸张地说,在专业领域中,隐喻也是人们赖以生存的思维方式和言说手段。"鉴于商务英语领域中隐喻具有普遍性和复杂性,在商务活动中要正确理解和翻译商务英语,译者的隐喻能力将对翻译质量产生重要影响。

(一)隐喻能力与翻译能力的关系

从认知隐喻学观点来看,隐喻的翻译过程实际上是一个从思维到语言的互动过程,并不仅仅只是语言层面的符号转换过程。同时,翻译作为一种语际交流,它还是一个"文化移植"的过程。隐喻句可以反映出作者或说话者的思维方式、文化背景和生活经历等,在跨文化翻译过程中,译者会经常遇到认知方式与语言形式矛盾或一致的两种情况,尤其是英语和汉语这两种分属不同语系的语言,语言之间的差异反映了不同民族认知方式的差异,在翻译的过程中就要求译者能够敏感地识别隐喻思维在概念结构维度上的差别,灵活切换,从而巧妙地克服隐喻化思维模式差异导致的交际障碍,这种能力归结起来就是译者的隐喻能力。"隐喻能力"的概念是由心理学家加德纳和约翰逊首次提出的,他们认为隐喻能力就是在目标语中通过隐喻性结构和其他认知机制对概念进行映射或编码的高级语言能力,此后,利特尔莫尔对"隐喻能力"的内涵做了更为详尽、合理的探讨,他们将隐喻能力做了四个方面的区分:使用隐喻的创造性,即创新隐喻的能力；理解隐喻的熟练度，指理解一个隐喻多层含义的能力；理解新隐喻的能力，指正确理解"原创性"隐喻的能力；理解隐喻的速度，指轻松、准确、及时理解隐喻的能力。

另外，早在20世纪90年代末期，翻译研究从"文化转向"进入"认知转向"时代，学术界纷纷从关联理论、认知语言学、认知心理学等角度对翻译进行多维度、多层面的研究，施里夫以认知心理学和海姆斯的交际能力理论为依据，将翻译能力定义为一套认知图式，可使译者在现实交际情境下对文化规约的翻译形式——功能集进行重新影射；里斯库基于认知科学和行为理论对翻译能力进行了跨学科研究，并对翻译能力认知观进行了创新性拓展，她认为翻译作为一种认知活动具有交互性、自我组织性和经验性，并将翻译能力定义为，以新的、有意义的、情境化的方式产生理解并生成译文的能力。国内学者近年来也纷纷展开了认知翻译研究。例如，苗菊提出的翻译能力包含了认知能力、语言能力及交际能力，其中"认知能力主要是指思维能力，译者的认知能力在翻译活动中发挥了根本性作用"。王寅更是明确提出了认知语言学的翻译观，构建了认知翻译学的理论体系和框架。2010年，施里夫和安杰洛内编著出版了论文集《翻译与认识》，该文集指出，"我们必须明确沿着认知理论向前发展翻译学"。西班牙翻译家马丁也持相同观点，直接提出了"认知翻译学"这一术语，并主张在该学科中尽快建立理论与实践之间的互动研究。近几年来，随着认知翻译学的进一步发展，人们更加确定了"认知是隐喻形成的基础，隐喻翻译应以认知为取向"的共识，译者的认知能力在很大程度上可以体现为译者的隐喻能力。

（二）商务英语中概念隐喻的翻译

商务英语是一种综合了商务知识和技能、英语语言知识和跨文化交际知识的一种特殊的交际系统，要准确处理好商务英语中概念隐喻的翻译，要求译者除了具备最基本的翻译能力之外，还应该具备良好的隐喻能力。具体表现为以下三点。

1. 客观评估隐喻在商务英语翻译活动中的价值

隐喻从来不是单独成立的，它依赖于上下文所创造的语境。想要正确理解隐喻的含义以及产出合理的隐喻译文，就必须通过整个文本来评估隐喻翻译的价值。常见商务体裁的翻译专题，包括信函、广告、旅游文本、政府文件、合同、企业介绍与产品宣传类文本。文本因素往往是译者决定如何翻译隐喻的参照因素，没有文本的参照，翻译决策会没有把握，因此，具备良好隐喻能力的译者要对不同文本中的隐喻价值做出合理的评估，从而选择恰当的翻译策略。

比如"Our prices already make full allowance for large orders and, as I'm sure you know, we operate in a highly competitive market in which we have been forced to cut our prices to the minimum."这句话来自属于信息类文本的商务信函,其中"large orders"属于容器隐喻,"highly competitive"属于方位隐喻,"competitive market"属于结构隐喻,这些概念隐喻以人们的基本感官和普遍经验为基础而生成,诱发它们的基础是无文化差异的,在文本中并不提供特别有意义的信息,所以,译者在翻译时可以不用给予过多关注,有时会很自然地将它们直译过来,"我方报价已充分考虑到大宗订货的因素。相信贵方一定清楚,我方是在竞争十分激烈的市场上经营业务,迫于市场压力,我方已将价格降至最低"。但在广告和企业宣传等呼唤类或感染型的文本中,隐喻的价值就增大了,因为隐喻成了一种"夺目的"表达法,例如,这则广告"Is your money taking you where you want to go? Get there."中的隐喻是将投资当作旅程,如果采取原文的思路将之翻译成"投资可以把你带到你想去的地方吗?"显然就太缺少对读者的感召力,具备良好隐喻能力的译者在这种情况下会果断摒弃这种直译法,采用另外一个全新的隐喻"阁下的投资有否更上一层楼?",这样一来,广告的吸引力立刻呈现,这样的翻译不但使文本内容变得新颖别致,还实现了功能等效。

2. 敏锐提取语言符号中的概念意义

译者良好的隐喻能力还包括对原语与译语词汇和语法的认知广度与深度。因为语言能够激发译者脑海中对于隐喻的想象并形成图像,译者能将这一图像用另一种语言转述出来。在认知隐喻理论中有一种意象隐喻,它是指抽象或具体的概念以一个整体的图像映射到另一个概念域中去。比如"Our market has just suffered a massive heart attack, with over a trillion dollars of asset values destroyed in the past two weeks. Given the heightened risk of a fatal recurrence, things will never be the same. In the short run, we need emergency measures to calm the market."这句话一开始就有一个隐喻,具备良好隐喻能力的译者可以很快地在自己的脑海中构建出一个画面,即 economy is a patient,由于这个概念隐喻的诱发,就派生出了 a massive heart attack, a fatal recurrence, emergency measures 等。calm the markets 也是把经济体系中的市场当作人(market is a person),而 destroyed 则是将经济中的财产当成了物体,可以毁坏,就像毁坏一个花瓶一样。除了可以敏感识别商务英语中的概念隐喻,并通过语言符号提取正确的概念意义,具备良好隐喻能力的译者还能很好地利用语境信息和文中线索来进行合理推理,从而正确地理解隐喻文字背后的深层含义。例如,"The auditing methods, once the lamb ducks of American accounting agencies, have been transformed thanks to the company's cooperation with Price water house.",根据字面意思,"lamb duck"是"一只瘸腿的鸭子",将这个短语放置到经济生活的语境中来,译者通过联想和类比,可以很快推断出"瘸腿的、行动不便的鸭子"与"遇到了困难、需要援助的企业"存在相似性,通过对译语的充分了解,译者辨认出了这个隐喻的话语信号,将之译成"审计方法一度是美国会计师事务所的软肋",这种敏感的隐喻识别能力和灵活的语言转换使得译文既严谨周密地忠实于原义,又生动形象地传达了相应的经济信息。

3. 准确传递隐喻中的文化内涵

隐喻是一个语言集团文化的沉淀,是反映认知方式和展现文化背景的重要语言工具,一些隐喻甚至只存在于某种文化体系中。因此隐喻翻译离不开对文化的理解和掌控。具备良好隐喻能力的译者能够关注原语及译语中的如文化、社会习俗、国家历史等各种因素,洞悉两种语言文化在认知中的异同和理据,从而避免翻译隐喻时出现偏差和错误。商务英语中的部分隐喻在描述和解释商务、经济话题时会融入文化知识,例如,商务英语中有一种"Cinderella business"的表达,"Cinderella"是西方文化的象征,对它的理解就需要结合相关文学文化背景知识。有了对童话故事《灰姑娘》的阅读经历,译者就能理解 Cinderella 用于隐喻可指代未获得应有关注的人或物,在商务语境下,公司一般会根据运营政策去关注主营业务,给予其更多的发展机会和资源,有些分支业务虽然有不错的发展前景却没能得到应有的重视,由此,拥有潜力却尚未获得关注的业务被比喻成 Cinderella business。另外,"lemon"在美国俚语中表示"次品"或"不中用的东西","lemon market"是 1970 年著名经济学家乔治·阿克洛夫在其论文《"柠檬"市场:质量不确定性和市场机制》中率先提出的,但在中文里并没有"柠檬市场"的说法,面对这种情况,译者就应根据其文化内涵将之翻译为"次品市场"。文化因素是隐喻使用中连接交际双方的纽带和桥梁,面对商务英语中这些具有高度文化专属性的隐喻,具备良好隐喻能力的译者可以准确地在另一语言中找到对应的表达,从而顺利地实现跨文化交际。

4. 合理实现隐喻中的概念整合

不同的语言有不同的概念系统,隐喻正是这些概念系统的最佳体现。这些概念系统中有些部分是重合的,有些部分不重合。对于重合的部分,译者翻译时可以直接对应,对于不重合的部分,译者就必须进行概念系统的转换,这也是隐喻翻译的难处所在。具备良好隐喻能力的译者不但能够理解原文和译文的概念系统，还能够甄别两个概念系统之间的相同与相异之处并在二者之间做出灵活的整合。比如，根据人们对颜色的认知情感，在商务英语中，有一些用颜色来表达经济概念和事件的情况，例如，红色（red）在汉语中具有喜庆、吉祥、幸福的含义，在英语中"red"的情况却截然相反，它一般喻为危险、暴力及灾害等贬义。在商务英语里，红色的这种本义投射发展为债务、赤字和损失的意思。在经济报道中，红色的刺激、醒目让人有触目惊心的感觉，因此，所有损失都用红色表示，例如"red figure""in the red""red balance""get into red"这些短语都表示赤字和损失。再比如，中国股市一片红是大涨，但美国股市一片红是惨跌，在美国大涨是绿色，恰好和中国相反。再来看看这样一则广告，"Father of All Sales——15% to 50% off"，在英语文化里，人们常用"父亲"（father）代称大河、大江，如美国的密西西比河被称为"Father of the Waters"，英国的"泰晤士河"被称为"Father Thames"，因此，"father"作为原语空间与大江大河拥有共同的特征，父亲伟岸、豪迈的气魄与大河大江的宽广、磅礴形成跨空间映射，进一步在合成空间中形成了销售活动让利幅度之大的意义。这一广告正是利用了英语里"father"的这种独特文化内涵，译者在翻译时，必须舍弃原文的字面形式，采用释义的方法来传达原广告的信息，最终形成了"特大甩卖，全场八五折到五折"的翻译。隐喻翻译的过程是一个动态的认知过程，需要译者不断地进行概念映射与概念整合，隐喻能力很弱的译者对原语概念系统和译语概念系统不熟悉，他在进行概念系统转化时便会遇到重重困难，最终使得翻译工作无法顺利进行。

总之，在商务英语概念隐喻的翻译过程中，译者"客观评估隐喻在翻译活动中的价值""敏锐提取语言符号中的概念意义""准确传递隐喻中的文化内涵""合理实现隐喻中的概念整合"这些都是译者翻译能力的具体体现，对翻译质量也起着重大的影响。隐喻翻译是翻译的"高难动作"，它既可以考验译者的语言水平，又能够检验译者跨文化的认知能力。一个优秀的翻译者应该是翻译隐喻的强者，从这一点来看，译者应该努力强化自身的隐喻能力，从识别隐喻到理解隐喻到评价隐喻再到创造隐喻，译者还有很多工作要做。

六、解构主义翻译观下的商务英语翻译

商务英语的翻译工作，在更多的时候是关系到生意上的事的，看上去更像是一种商业性的活动。而随着经济全球化的到来，这种商务英语的翻译活动也越来越被人们所看重。解构主义翻译在一定程度上更新了传统的翻译观念和

标准,以科学化、多元性以及延展性的角度去翻译。本部分以商务英语翻译为基础进行解构主义翻译观下的翻译工作研究

(一)解构主义的定义

解构主义早在二十世纪中期就被法国的哲学家雅克·德里达所提出,在他的《语言与现象》《论文文学》等著作中进行了阐述,同时他也被誉为解构主义之父。解构主义在很多的方面如艺术、文学等领域都产生了极大的影响,再后来翻译也因为解构主义而产生了很大的变化。解构主义自产生之时,就一直备受争议,它所倡导的是一种开放、多元的体制,在早期对于传统观念下的唯一真理性进行了彻底的否定。

(二)解构主义的翻译标准

在解构主义的观念下,语言所代表的含义是可变的,语义和上下的衔接是模糊的、多变的,同时也是一个动态的过程。而我们所知道的词汇是有限的,语言所能表达的信息是无限的,因此,我们只能用有限的词汇来表达无限的含义。这两者的关系给予了很多模糊的定义。这种对于语言的新定义对于传统的翻译来说,产生了极大的影响,传统的翻译在对原文进行翻译时,都是围绕着原文的中心要义和主题思想进行重现的。而由于解构主义观念下的语言是多变的、多元的、开放的,因此,读者会对原文的语言进行自我的解读。同时随着时代的发展和文化的进步,在不同的时期,译者会对原文产生新的认识,翻译出新的主题思想,而读者们也会重新发现新的本节含义。因此,在解构主义观念下,翻译的标准是不固定的,解构主义包含了开放性、动态性等。

1. 开放性

由于开放性,翻译者可依据时代背景、自我认识等来确立翻译的标准,而读者也同样会对文章产生自己的看法。此时翻译者和读者都把自己当成了主体,同时也会受到多种因素的影响。如文化不同以及宗教信仰不同。在针对商品商标的翻译中,商品的商标本身是为了体现商品而精心设计的,旨在表达企业和商品的属性,增加购买欲,提升企业形象等,所以在针对商品商标进行翻译时,需要充分考虑解构主义观念,需要多角度地对商标进行解读和翻译,根据目标市场的文化和背景以及市场等因素进行综合的考虑,以此来达到理想的效果。如很多的中国品牌的商标都是用汉语拼音来代替的,如果这些企业需要走出国门到国外去,那么国外的消费者肯定是不能够理解其含义的,也不能明白其所要传达的意义,而国外的很多的企业商标都采用英文缩写的形式,如奔驰汽车中车型后面的英文缩写 SL 级、CL 级等,其中 S 代表了 sport(运动),L 代

表了 leicht（轻量化）C 代表了 coupe（轿跑）等，所以企业要想更好地表达和传递商品的属性，就必须进行有效的商标翻译。

2. 动态性

随着时代的发展以及文化的发展，原文中语言"所代表"的和"能代表"之间的界定也越来越模糊。由于文化的差异和环境的差异以及这些因素的不断变化，它们所表达的含义是具有动态性的，是在不断改变的。因此，在国际商务英语的翻译工作中，我们需要特别注意这些差异因素，根据各自的不同的背景和文化因素，找出相同点进行切入。不管是中文商标翻译成英文商标，还是英文商标翻译成中文商标，我们需要考虑的是其在翻译过后还能否保留其动态性，商标在被翻译之后，消费者就会根据其商品形成一个固定的观念，如果企业在后期想要进行全面的发展并且涉及多个领域的话，这个商标就将无法使用或达不到更好的效果，如 KFC 在汉化后被译为"肯德基"，在音译上是行得通的，但是其已根深蒂固地被国人当成了快餐的代名词，那么这个商标也就无法在涉足其他行业。

（三）解构主义翻译观下商务英语的翻译策略

翻译的目的是让被译文和译文能在内容和传递的信息上以及文化和风格等因素上达到对等的状态。而在解构主义的指导下，被译文和译文能够灵活地达到对等关系，这对商务英语的翻译来说是具有重要的指导意义的。译者在对原文有了充分的认识之后，在进行翻译时，就能更好地将原文的风格进行传递，因为原文语言的"所代表"和"能代表"在不同的背景之下有着不一样的含义，而在解构主义翻译背景下，译者可以灵活地使用不同的词汇来达到这种对等的关系。如在翻译"三角债务"时，直译的话是 triangle debts，而这里的"三"指多方的意思，所以应该译成 chain debts，这对读者来说会更容易理解。

同时在商务英语的翻译中经常会遇到专业性的词汇，大多都由复合词、普通词语的缩写等组成，如 FOB 是价格的常用术语，它包含了其特定的专业内容，如 insurance policy 应该译为保险单，而不是保险政策，commission 应译为佣金，而不是委托等。

解构主义的观念极大地扩展了我们的视野，在商务英语的翻译上同样如此，能帮助译者对原文进行综合的考虑，并且利用更加贴近的方式把原文更好地传递出去。随着时代的发展和企业的发展，在商务英语的翻译上，解构主义能让商务英语翻译工作变得更加多元化，从而帮助商务活动能更好地达到预期的目的。

第七节　商务英语教学应用

一、慕课在商务英语教学中的应用

计算机多媒体网络技术与各学科教学的整合是现代教育发展的一个基本方向，也是学校推进课堂教学改革、深入开展创新教育的一项重要工作。因此，利用现代信息技术整合英语教学，优化英语课堂教学结构，提高英语课堂教学效率，是一项紧迫而重要的任务。如今，数字信息化现代教育技术日益发展，现代教学技术尤其是网络多媒体教学已成为现代教育不可或缺的一部分。

（一）校本慕课沿革和发展

利用校园网等慕课资源进行授课和学生自主学习成为高校教育方式新的发展趋势。以学生为中心，不受时间、地点及进度的限制，自由利用校园网的学习平台、教学资源库、外语学习专题网站等，成为学生外语语言学习和商务英语能力训练的主要方式之一。上海理工大学大规模在线免费课程主要以"课程中心网"的形式实现。"课程中心网"于2010年1月1日投入运行，全天候、无边界的网上"教"与"学"，面向本校学生乃至所有公众开放的课程将教师的三尺讲台扩展为无限空间。

课程中心网目前实行校内免费、校外公开的模式，运行状况良好，课程建设数已达2125门，精品课程国家级3门、上海市级42门、校级37门，平均每天有1万至1.5万人次在线。课程中心网真正成为上海理工大学提高人才培养质量的可靠依托和创新人才培养路径的重要模式。

（二）商务英语慕课内容

上海理工大学商务英语慕课主要包括以下几个部分：课程简介、教师队伍、课程教案、课程录像、习题自测、第二课堂、学生风采、课程资料和课程互动。慕课为学生提供了相关的海量学习资源。课程网站还整合了一系列网络课程和学习辅导资源，作为学生英语学习的辅助和补充。网站上有很多扩充性资料涉及主题广泛，包括许多配套视音频资料（如全国人大记者招待会、各种国际商务会议演讲录音、全国演讲比赛等），这些都通过网络及时传递给学生，供学生课后自行使用，不仅有助于扩大学生的知识视野，还能提高商务英语实战技能。

为了适应新的教学模式，教学团队积极开发、购置网络课程资源，建设慕课课程网站，现已建立"大学英语""英语口语"和"剑桥中级商务英语"等系列课程慕课网站群，目前，笔者在建的"大学英语"和"新传媒英语"位列课程点击率前列，其中"新传媒英语"排行第二，所有外语类课程建设排名第一，在建的剑桥商务英语、实用商务英语等慕课课程为学生提供了相关的学习资源。教师们可以利用现代化的教育技术和手段，开展以不同主题为核心的课堂互动教学，着力培养学生英语和商务综合应用能力。多媒体网络资源的建设和利用使外语教学发生了质的变化，其特有的信息量大、生动直观、图文并茂、人机交流等优点激发了学生学习外语的兴趣，提高了学生学习英语的积极性，增加了开展商务英语训练的机会，加大了英语语言学习的输入量，为学生提高口语、翻译、写作等语言技能提供了良好的平台。

（三）商务英语慕课运行效果

目前，商务英语慕课运行良好，学生点击率很高，在全校英语类排行中位居前列，其资源和互动也在与时俱进、及时更新。商务英语慕课为各个班级开辟了网络共享空间，学生在此可以共享资源、相互交流。商务英语慕课建设和利用使教学发生了质的变化，打破了传统的课时偏少和班级人数过大的限制，其特有的信息量大、生动直观、人机交流、图文并茂、现场感强、动静结合等优点激发了学生学习的兴趣，增加了其进行商务英语实训的机会，加大了学习内容的输入输出量，为学生提高语言技能提供了良好的平台。

（四）慕课的有效拓展

自主学习是一种全新理念，也是对传统教学观念的一种挑战。自主是"对自己学习负责的一种能力"，学习者具备自主性学习的能力，意味着学习者自己能够确定学习目标、学习材料、学习内容和学习方法，能够确定学习的时间、地点和进度，选择学习方法和技巧，监控习得过程及自我评估学习效果。个性化自主学习模式是以学生为中心，在老师的指导下自主地利用网络多媒体进行学习的一种形式。多媒体语言实验室或网络教室等慕课资源为学生提供了个性化学习的良好环境。

通过慕课这种自主学习平台，学生能在校园的任何角落登录校园教学平台，充分利用校园无线网络设备，开展自主学习。现代化语言实验室，配有多功能视频设备，如液晶投影仪、保真录音机、保真录像机、磁带音频转录机、电视机等电化教学设备，便于教师制作现代化教学资料。以上硬件设施都需要学校的电教中心配备专职技术人员提供技术支持。

为进一步推进外语学院的服务功能建设，开放外语自主学习中心，包含外语学习语音实验室、外语学习图书资料室、外语测试中心，运用调查分析软件对学生进行学习动机、学习策略和学习习惯的问卷调查，同时使用形成性评估系统软件把能力评估、测验和考试分数合成为"学期总评分数"，体现对学习过程的重视。

在在线学习与网络社区互动的结合中，对学生多层次、多角度、多维度的互动教学，真正实现了个性化教学，营造了真实的语言交流环境，保证了教学评价的公正性、教学效果的真实性和教学效果反馈的及时性。课后，教师通过该平台布置学习任务、实行在线或离线辅导答疑、进行成绩管理等，显著提高了教学效率。这样，课上学习与自主学习相辅相成，实现了理想的学习效果。

当然，慕课自主学习并不等于放任自流，而是一种有组织、有计划、有目的的学习活动，在网络语言实验室条件下，培养学生的主体自立意识，让学生充分认识到自己是学习的主人，是知识建构的主体，学生的主动性、积极性才能得到充分的发挥，才能进一步提高教育教学效果。

二、翻转课堂在商务英语教学中的应用

（一）翻转课堂国内外研究现状

作为一种由网络信息技术催生的新兴教学模式，翻转课堂备受国内外教育界关注。国内外教育专家和学者针对翻转课堂的设计和应用模式等问题进行了一系列研究，并取得了一定成果。

1. 国外关于翻转课堂的研究

国外关于翻转式教学的实践和研究主要在美国高校进行，其特点在于重视师生互动。20世纪90年代，哈佛大学物理学教授埃里克·马祖尔开始对翻转学习开展研究工作，将翻转学习与他创立的"同伴教学法"进行整合。他将学习分为两个步骤：知识的传递及知识的吸收内化。埃里克·马祖尔教授发现，计算机辅助教学能够解决知识的传递问题。因此，他认为教师角色可以从演讲者变成教练，指导学生进行互助学习，并帮助学生消除一些常见误解。萨尔曼·可汗利用网络视频进行翻转课堂授课大获成功，以他命名的可汗学院"翻转课堂"教学被加拿大《环球邮报》评为"2011年影响课堂教学的重大技术变革"。

由上可见，国外学者更注重实践式研究，强调学生的主体作用，以改善学生的学习方式和学习环境为主要目的。

2. 国内关于翻转课堂的研究

我国学者对翻转课堂应用于商务英语教学的研究呈现出不断深化的发展趋

势，取得的成果主要体现在以下三个方面。其一，对翻转课堂在商务英语教学中的应用可行性普遍持肯定态度，认为翻转课堂是一项较为成功的教改创新，合理调整了教学顺序，形成了一个完整有机的教学系统，真正贯彻和落实了学生的主体地位。其二，以商务英语专业所属单位领域为研究对象，区别了高等院校、成人高校、高职院校的特征，探讨了不同的教学模式；针对不同的课程类型，如商务写作、商务听力、综合商务英语等，提出了不同的应用模式。其三，根据商务英语的专业性质，对翻转课堂的实践应用进行了一定研究。这些研究为商务英语专业教学提供了新的视角，但不难看出，当前研究对翻转课堂教学模式的把握尚不够全面，也不够深入；对商务英语教学的感性经验总结较多，而对它的理性思考较少。因此，全面诠释翻转课堂教学模式并深刻揭示其在商务英语专业教学中的应用是当前商务英语专业教学研究的一个重要课题。

目前各高校开设的商务英语相关课程大致分为以下两类：①传统的英语基础知识课程，如商务英语精读、商务英语泛读、国际商务谈判技巧、商务英语函电；②商务英语学科专业课程，如基础会计学、国际贸易理论与实务、货币银行学、电子商务技巧。商务英语的课程建设已经从普通的英语听说读写译能力培养逐渐过渡到与经济学和管理学相关的能力培养，实践性明显增强。目前用人单位对学生商务专业知识和商务活动实践能力的要求逐年提高，因此商务英语专业学生的培养模式迫切需要改革。

（二）翻转课堂在商务英语教学中的应用

1. 商务英语翻转课堂教学模式设计

以剑桥商务英语（中级）第二单元——品牌（Unit 2 Branding）为例，我们可以将商务英语的翻转课堂教学划分为四个阶段：教学部署安排、自主学习练习、实践运用知识、成果评价提高。

（1）教学部署安排

教学部署安排需要教师的全程参与。教师可以根据商务英语人才培养方案的要求，在相关商务英语教学资源网上选择与本单元有关的教学视频，也可以利用网络教学资源找出与该章节相关、适合学生观看的视频，并搭配与该视频相关的辅助性练习作业。

（2）自主学习练习

自主学习练习需要学生全程用心参与。学生观看教师准备的与品牌有关的视频，重点阅读关于品牌扩张和品牌延伸的理论知识以及经典案例分析，背诵必要的专业单词，读懂材料，记录学习过程中遇到的难题，并在课堂中提出问题，最后要能举例说明品牌拓展和品牌延伸的实例。

（3）实践运用知识

实践运用知识需要教师和学生共同参与。教师在此阶段需要创设品牌宣传情境，也可以让学生在课下阅读世界500强企业品牌拓展的相关知识，鼓励学生相互协作，通过小组讨论、主题演讲或者主题写作、课件展示等方式口述经典的品牌拓展或者品牌延伸实例，学以致用。

（4）成果评价提高

任何教学设计都是为了提高学生的学习效果，因此对学生的学习成果进行总结评价是必须和必要的。要让学生明确了解自己学习的优势和劣势以及学习效果的积极和消极方面。传统教学中需要在课上讲授的知识现在被翻转到课前，这样上课时教师对重点知识的讲授更加细化，更有利于学生学习效果的提高。

教师在翻转课堂的教学设计下，指导学生观看与该章节相关的视频。例如，在剑桥商务英语（中级）第二单元——品牌（Unit 2 Branding）的教学中，笔者先让学生在课前自行观看有关品牌的视频，如阿迪达斯从原来的运动服拓展到香水和洗发水等，沃尔玛由原来单纯的零售商拓展到自主经营"惠宜"品牌并涉猎金融服务等，这样学生在上课时能详细了解品牌拓展的相关知识，从而增加学习兴趣。

2.翻转课堂在商务英语教学中的劣势

尽管翻转课堂对现存的商务英语教学有很好的辅助作用，但教师课前准备的与该章节相关的视频资料的难易度、视频资料与教材内容的切合度以及视频本身的制作质量会直接影响商务课堂教学的效果。教师必须加强对学生的学习监管，督促学生课前认真观看视频并阅读相关背景资料，以达到更好的教学效果。

翻转课堂能够很好地调动学生的积极性，提高学生对课堂的参与度。但教师对学生学习指导方案的设计和后续学习成效的监督也制约着翻转课堂在高校商务英语教学中的实践效果。高校商务英语翻转课堂的教学模式在中国尚属开发的初始阶段。我们还应根据教学实践不断改进，推进翻转课堂在商务英语教学中的广泛应用。

三、商务英语教学中网络资源的合理运用与开发

随着现代化信息技术水平的不断提高，全球信息资源网络化趋势日益明显，其发展速度非常快，给人们的生活及学习带来了重要影响。在互联网背景下，学习者面临新的英语语言学习环境，对网络资源的合理开发与运用，能够

有效提高学习者的英语语言及学习等能力，这已成为商务英语教学的重要工作之一。

（一）商务英语教学中开发网络教学资源的必要性

首先，书本教学资源包含的信息量非常有限，而商务英语的用途比较特殊，涉及知识面广，商务知识体系比较复杂，这就要求教学信息量必须要大。相较之传统书本教学，资源共享是现代网络教学的突出特点之一。作为商务英语学习者，可以利用互联网的优势对自己感兴趣的商务知识进行获取、加工、利用、传递及储存，以此产生浓厚的学习兴趣且突破时间与空间束缚，尽可能将学习内容从课本延伸到课外。其次，书本教学内容是静态不变的，信息时代是瞬息万变的，各种商务信息及资讯不断出现并更新，必须要随时关注。互联网技术的广泛应用，促使公众能够随时掌握最新的商务信息，顺应时代潮流，确保教学内容具有较强的时效性。最后，书本教学内容有一定的局限性。互联网是一种世界范围内的综合性网络，包含的文化价值观与社会习俗非常丰富。利用网络技术，学生可以搜罗教材中涉及的某一地区商务知识，开阔视野，丰富自身知识结构。

（二）商务英语教学的特点

1. 文化背景知识很重要

文化背景研究对于任何语言学习都是非常重要的，究其原因，各国语言都由其自身文化理念衍生而来。如我国的汉语，是五千年历史文化的结晶，再如英美等西方发达国家，尽管英语为其通用语言，但表达方式与发音不同，且有些词语被视为禁忌，因此对于商务英语学习者而言，丰富的文化背景知识非常重要，以此掌握本土与其他文化间的差异，确保在商务活动中能准确恰当地运用不同语言。

2. 涉及面广

作为世界范围内的通用语言，英语是文化的重要载体，自身覆盖面广，包含单词、语法及习惯用语等。因其自身范围比较广，商务英语涉及的领域非常全面，包含金融、政治、法律、科技及文化等诸多方面，因此商务英语学科知识结构非常复杂，需要不断地积累与学习。

3. 实践性较强

与一般英语相比，商务英语有较强的实用性，语言表达能力要求高，学习者只有不断提升自身业务水平与语言表达能力，才能顺应时代潮流，满足企业人才需求。在对外商务交流活动中，商务英语适用于商务谈判、函电及文化交流等活动，因而其使用性强，涉及面广，同时语言交流与文化的有机融合，为商务合作奠定了基础。

（三）商务英语教学中网络资源的作用

1. 利用多媒体技术搜集教学资源

商务英语注重实践，而学生学习商务英语，是为了更好地交流沟通，在商务活动交流中更好地发挥自身的商务英语素养，促进商业合作的成功。因此，在实际教学中，要突出其实践性，引导学生掌握如何在商务贸易交流活动中正确使用商务英语。同时教师可利用多媒体技术搜集可供使用的网络资源，为学生创造相关商务英语应用的真实场景，让学生在身临其境的体验中深入了解商务英语的使用环境与氛围，为日后工作实践奠定基础。

2. 促进师生间形成良好互动

在良好的师生互动形成过程中，网络资源的推动作用是非常重要的。在商务英语教学中，教师可以借鉴不同形式的图片、声频及视频等网络资源，丰富课堂教学内容，增添活力，带动学生积极参与课堂教学活动，激发学习兴趣。由于网络资源信息来源渠道多，自身开放性比较强，因此在实际教学中，教师应引入开放性商务英语知识，吸引学生关注并参与讨论，在思维碰撞中，学生能够深刻了解商务英语知识，进而形成良好的师生互动。

3. 培养学生的创新意识与独立能力

在商务英语学习中，学生要及时更新自身知识结构。随着社会经济的快速发展，科技水平日益提高，新兴商业模式不断出现，因而在商务贸易交流中新型商务英语的出现是不可避免的，只有确保自身知识体系的新鲜性，学生才能顺应时代潮流，不被淘汰。在课堂教学中，教师不能只简单地为学生提供各类新知识，而应提供获得知识的方法，引导学生掌握自主学习方法，在商务应用学习中，这种学习习惯是非常重要的。在课堂教学中，引入先进的网络资源，在使课堂教学内容更加丰富的同时也能为学生提供有效的自主学习工具。学生通过自主学习现代网络资源，可以提高解决问题与自主思考的能力。

4. 学习空间得到拓宽

网络资源不受时间与空间的限制，为学生创造了便利的学习条件，学生的商务英语素养也得到了提高。由于英语是商务英语语言的主体，这就说明在商务英语研究方面，英语国家的优势更加明显。相较之国内，对于商务英语的探究及学习方法的积累，英语国家的文化感知更加贴切，其研究成果充分体现了商务英语的地道性。所以，在商务英语学习中，学生要以地道研究成果为主，以此提高学习的专业性。而网络资源则为学生获得资源提供了便利渠道，足不出户，学生便可获得地道的英语国家的商务英语读物。

（四）在商务英语教学中，网络资源的具体应用

1. 开展英语听力训练

在网络平台上，可随时下载 VOA、BBC 等英语国家的原声广播学习资料，还有一些专业英语学习网站如普特英语论坛及慧聪英语网等，听力资源非常丰富，而慢速及正常语速的英语广播可供不同能力学生进行听力训练，比如随时在网站上可搜索到剑桥商务英语考试最新听力音频，选择面广，音质与音效也好于收音机，更适用于精听训练，可反复播放直到全部明白为止，非常方便。而这对于商务英语专业学生来讲，非常重要。类似于一些经济英语节目其经济术语比较多，学生往往很难一次就明白其意思，但专业学生则要克服听力难关。此外，网络平台上，还有很多商务英语视频资料是集声音、图像及动画为一体的，能够减轻学生听力压力，激发学习兴趣，丰富听力形式，在英语听力训练中，为学生营造的视听环境更加生动具体。

2. 开展英语口语训练

众所周知，很多学生英语口语水平不高，究其原因在于自身的羞怯心理，面对外人难以开口讲英语。但在网络平台上，语音聊天室比较多，学生可登录某些专业语音聊天室训练口语，学生的应对能力可以得到更好的锻炼。在小范围局域网内，师生间还可利用英语讨论某一经济热点或案例。在这一探讨过程中，学生充分表达自己的意见，最大限度地发挥自身潜能与主观能动性。对于商务英语专业学生来讲，不但口语表达能力要强，在产品介绍及商务汇报活动中，还要有较强的肢体语言能力，以此增强说服力。而反复观看模仿网络平台上提供的成功商务人士演讲范本，是非常有必要的。

3. 开展英语写作训练

在商务英语学习中，英语写作也是非常重要的。在实际工作中，面对面的交流必不可少，而电子邮件直接替代了声讯及传真等工具，使用频率更高，因而对于商务英语专业学生而言，写作技能必不可少。利用网络资源，在商务英语写作教学中，教师可以积极创新教学方式，寻找更加贴近生活的商务案例，为学生营造良好的写作情境。比如根据工作日程写出商务旅行计划，或根据公司网站公布的销售情况写分析报告，并为提高销售额提出相关建议等。在商务英语写作中，其句法结构与一般英语相同，只是其背景与遣词不同，同时还要注意其语气，合理布局。教师可以通过电子邮件为学生安排相关写作任务并进行回复，有效激发学生的写作热情，很多学生也认为该教学方式挑战性更高，贴近实际工作，同时在电脑上写作修改更加方便，且有自动纠错功能，因此学生的写作质量也得到了保障。

4. 进行英语阅读训练

传统的商务英语阅读教材内容比较落后，学生兴趣不高，教师没有教学热情。而利用网络资源有效改善了这种局面。在准备商务英语教学素材时，涉及公司业务的专业内容比较多，教师要提前登录企业网站了解行业动态，以便为学生营造更加真实的商务情境。很多上市企业会在企业官网中发布财务报表或项目进展报告等，阅读这些真实的专业内容，认真听教师讲解，这对学生而言不但是学习语言的过程，而且能够了解行业及领域动态，拓宽自身思维，激发学习兴趣，从而在潜移默化中，更好地掌握相对复杂的经济术语，使思维得到启迪。

5. 在虚拟商务环境中完成任务

如果说以上几方面与学生单方面的能力有关，那么教师应充分发挥网络技术优势，为学生营造虚拟商务环境，并将其贯穿于整个商务课程项目教学，以此培养学生的综合能力。这种项目并非单一化的任务，而是仿真性较强，对各种能力要求较高，同时具有可行性的大型综合性项目，其是由多个具体任务衔接而成的。

（五）在商务英语教学中网络资源运用策略分析

1. 利用网络资源创新教学理念与方式

随着现代化信息技术水平的不断提高，现代信息技术与人们的日常生活及工作的联系越来越紧密，因此教师要积极利用网络资源优势为学生传授知识。在实际教学中，教师要正确认识互联网技术对商务英语教学的影响，对传统板书及课本教学模式进行创新，逐步转向以互联网为主的多角度及多元化的教学方式，建立师生共同探讨的课堂教学环境。在新形势下，商务英语教学工作者必须认识到改革的重要性，现代商务谈判大多以互联网为平台，而高速、高效及精准的互联网平台则为商务谈判与合作奠定了基础，此种商务活动模式为课堂教学创造了机遇，教师在实际教学中可以充分发挥多媒体软件与现代信息管理系统的作用，创新教学模式。在此基础上，促进师生形成良好的互动与交流，在开放式教学环境下，学生的综合能力能得到有效提高。

2. 建立商务英语"双创"教学模式

"双创"概念在现代教学中比较常见，主要指创新师生间的教与学的方法。其中教师教法创新是充分利用现代技术资源变革传统教学手段，例如，利用多媒体技术替代传统板书教学，教师进而得到解放。在实际教学中，教师要根据课本理念，与互联网事例相结合为学生讲解，以此确保学生的知识结构更能满足现代商务交流与合作的需求。学生学法创新主要指学生充分发挥网络资源优势，对现有学习方法进行优化，例如，单词记忆法，学生根据网络中的单词记忆法选择最适合自己的方法，其中与商务英语相关的文化、语言技巧等内容的学习，可在网络资源中得到系统而详细的学习方案。所以，在现代商务英语教学中，教师应利用网络资源建立"双创"教学模式，为学生营造逼真的商务教学环境，在此基础上提高学生对商务英语的实际应用能力。

3. 合理创造教学情境

在商务英语实际教学中，教师要为学生合理创造教学情境、设置疑问，以此有效激发学生的学习兴趣。随着互联网技术的不断发展，网络资源更加多元化，这对师生而言非常重要。各高校应发挥网络资源优势，建立更加高效与真实的学习环境，模拟现代商务谈判与合作交流，让学生身临其境地体验商务英语运用与表达技巧，以此提高自身综合能力，更好地理解商务英语的运用方式。借助网络资源模拟设计场景，是对传统教学环境的创新，利用多媒体技术实现声像结合，引导学生进入模拟场景，以此激发学生学习兴趣。利用三维影响技术为学生模拟真实的谈判场景，同时教师合理设置问题，问题要难度适中、贴近实际，生动且富有探索价值，学生以分组形式参与讨论，从而提高学生的自主学习能力。

4. 有效整合校内外教学资源

网络资源具有一定的整合性与分享性，使资源得到扩展，特别是教育工作，各大高校利用网络平台实现资源共享与交流，所以在实际教学中，教师要积极引入网络资源，吸取先进教学经验，创新自身教学模式，促使商务英语教学顺应时代潮流，满足社会发展需求。根据语言的经济属性，商务英语语言环境与现代经济是同步发展与更新的，高校要利用网络平台，积极整合校内外教学资源，促进校企合作，取长补短，制订合理的教学计划，为教师提供教学帮助。此外，利用网络平台，在同一平台上不同学校学生可随时进行交流互动，锻炼自己的听、说、读及写等能力，进而增强团队合作意识。

四、词汇学习策略在商务英语教学中的应用

词汇是语言的基础，词汇教学在商务英语教学中占有重要地位。下面从商务英语词汇的特点入手，结合词汇学习策略——元认知策略、认知策略和社会情感策略，探讨如何将词汇学习策略运用到商务英语教学中，以提高商务英语词汇教学水平。

（一）商务英语词汇的特点

1. 普通词汇具有商务内涵

语言的使用与环境密切相关。作为一种在商务语境下使用的语言变体，商务英语结合了普通英语和专业英语的特点。英语词汇大多源于普通英语词汇，但又与商务知识密切相关，其内容涉及法律、金融、贸易、保险、管理、旅游、广告等方面。因此在商务语境里，一些普通词汇的含义发生了变化，具有商务内涵。想要正确掌握商务英语词汇，必须首先了解商务英语所涉及的商务领域的相关知识，避免造成误解。

例1：If you do not wish to receive electronic statements or notices, reply to this email stating that you prefer to receive a paper statement via U.S. Mail.

"statement"一词通常指"声明、陈述"，而在上句中它的含义则是"a printed record of money paid, received, etc."，应译为"对账单"。

例2：You may obtain your current balance information through our Online Banking website.

"balance"一词在普通英语中意为"平衡"，而在上句中则意为"the amount of money in an account"，意为"余额"。

例3：Whenever opening a bank checking or savings account, you can get either a hard pull or a soft pull depending on the bank.

上句出现了两个短语"hard pull"和"soft pull"。很明显，这里的"pull"不再表示"推、拉"。一般来说，当申请信用卡、办理贷款时，银行或运营商需要了解你个人的信用记录，就需要你授权他们去信用局调取你的信用报告，这个行为就叫作"hard pull"，而自己检查和跟踪自己的信用分数就叫作"soft pull"。所以这里的"pull"，意为"enquiry"，意思是"调查"。

2. 广泛使用专业术语

商务英语拥有数量可观的专业术语，专业术语要求单义性，排斥多义性和

歧义性。专业术语在商务环境中应用广泛，具有国际通用性。专业术语多以词块的形式出现，形式搭配固定，用法地道、意思明确。例如，savings account（储蓄账户）、export credit（出口信贷）、prompt shipments（即期装运）、bid firm（递实盘）、special preferences（优惠关税）、packing list（装箱单）、cargo loss（货损）等。简明、规范的专业术语的大量应用给学习者带来了便利，能够快速掌握并且熟练运用商务术语，能够有效增强商务沟通能力，提高商务活动的有效性。

3. 大量使用缩略词

缩略词可定义为由一个单词或词组的一部分构成的代表整个单词或词组的词语。其构成方式主要有截词缩略法、谐音缩略法、符号缩略法、变字母缩略法、代号缩略法和外来缩略语。商务英语中常用的缩略词表达复杂的意义，具有简明扼要、快速有效的特点。这些缩略词常用于国际贸易、金融和国际经济技术合作等领域，在商务这一语境的交际中起着十分重要的作用。缩略词可以单独使用，也可以和其他词结合起来在句子中使用。

在贸易实务中，缩略词简明有效地说明了买卖双方在货物交割中的责任、风险划分，从而易于划分交易双方的责任。但是因为《国际贸易术语解释通则》修订版本的不同，同样的贸易术语的解释也会不尽相同。因此在对外贸易活动中买卖双方应对合同的附加语句加以注意，尽量避免因对术语的解读不同而造成经济损失。

4. 大量使用古体词

商务合同是国际经贸活动中一种基本的经贸文件。商务合同英语要求对交易双方的权利、义务和责任进行直接而明确的规定和划分，因此其所追求的不是语言的艺术美，而是思维的缜密性、逻辑的严谨性和表述的规范性。其措辞必须遵循准确、严谨、简明、正式的特点，以确保商务合同内容的真实性，并具有法律效力。古体词是具有正式文体风格的词。尽管古体词在现代英语口语和书面语中很少使用，但在商务合同或是法律文书中大量使用，这充分体现了商务英语合同庄重的文体风格。古体词的使用不但可以避免用词重复，还可以使句子更加言简意赅。常用的古体词一般是由 here、there、where 等副词分别加上 in、on、to、of、at、by、after、upon、under 和 with 等一个或几个介词，共同构成的一个整体的副词。例如，hereafter（from now on：从此以后）、hereby（by means of this：以此方式）、hereto（to this：到此为止）、thereafter（after the time：此后）、thereby（by means of that：由此）、whereto（to what purpose：为什么）、whereby（by what：借以）、wherein（in what way：以什么方式）、thereinafter（in the following part of the document：以下）。

商务英语新词层出不穷，构词方式多样化。商务英语作为一门综合类语言学科，与当今世界的政治、经济、文化和科技活动紧密相连，并随着时代的发展而发展。许多反映当代世界经济发展的新理念、新产品和新运营方式的词汇不断涌现出来，具有很强的时代特征。商务英语词汇的构成方式主要有三种：转化、派生和合成法。其中有很多词汇是随着商务活动的发展，人们利用构词法创造出来的。举例如下。

①转化法。e-mail someone 给某人发邮件（e-mail 由名词转化为动词），google something 利用谷歌浏览器搜索（google 由动词转化为名词），account login 账户登录（login 由动词短语转化为名词）。

②派生法。e-statement 电子对账单，e-money 电子货币，anti-dumping 反倾销，cyber-criminal 网络犯罪，cyber-payment 电子支付

③合成法。account balance 账户余额，insurance policy 保险单，collision coverage 撞车保险，mail order 邮购订单，unemployment benefit 失业救济金。

（二）词汇习得策略在商务英语词汇教学中的应用

1. 元认知策略

奥马利和查莫认为语言学习策略包括三大类：元认知策略、认知策略和社会情感策略。元认知术语最早是由美国心理学家弗拉威尔于20世纪70年代初提出来的。他指出元认知是任何调节认知过程的认知活动，是认知主体对自身心理状态、能力、任务目标、认知策略等方面的认识，并对自身的各种活动进行计划、监控和调节。元认知策略是一种高级的执行性技巧，学习者利用认知处理的知识，通过规划、监控和评估等手段来调节语言学习，是一种典型的学习策略。二语学习中的元认知策略包括预先准备；预先预习；定向注意；选择注意；自我管理；自我监控；延迟表达和自我评价。

笔者在长期的教学中发现，商务英语低年级的学生在词汇学习方面存在很多问题：他们在词汇学习中缺乏主动性，被动地跟着老师在课堂上学习单词；他们缺乏商务知识的积累，不了解商务英语词汇和普通词汇的区别，缺乏自主学习的能力；在词汇学习中更是鲜有学生会主动根据自身的词汇水平制订详细的学习计划和目标，并在学习中不断调整策略，检测词汇习得效果。词汇学习不是一蹴而就的，需要科学的方法和持之以恒的学习态度。因此，词汇学习应该有计划、有步骤地进行。教师应该在教学中有意向学生灌输元认知策略，并在教学中对学生进行元认知策略的培训。

①教师可以采用词汇测试的方式让学生对自己的商务英语词汇水平具备初步的认知，帮助学生了解自己的词汇水平，向学生灌输商务英语词汇学习的重要性。

②采用系列讲座的方式向低年级学生介绍商务英语词汇的特点，强调商务语境，培养学生的商务意识、商务思维。

③引导学生根据自己的词汇水平制订具体的学习计划和目标。要求学生提前预习新词汇。商务英语中包含大量专业术语，且内容涉及广泛。这就要求学生在课前做好充分的准备工作，查询相关的商务背景知识，在商务语境中学习词汇。要求学生在课后及时复习所学的新词汇，通过大量的词汇练习来增强记忆。要求学生记录每周学习词汇的时间，确保商务英语的学习时间达标。每周进行一次随堂词汇小测试，检测词汇学习效果。不断调动学生学习词汇的积极性和主动性。教师可以利用不定期与学生座谈的方式及时了解学生的学习进展，引导学生不断反思、评价、调整学习策略，以达到既定目标。

2. 认知策略

认知策略是学习者应对学习材料的方法和解决学习中所遇到的问题的方法。在实际教学中，笔者发现很多低年级学生对商务英语词汇的特点知之甚少，更是缺乏有效解决学习中遇到的问题的策略。认知策略的缺失使得这些学生在词汇学习中长期处于被动消极的状态。①使用商务英语辞典。笔者在教学中发现能够主动使用商务英语辞典的低年级学生少之又少。很多学生将商务词汇和普通词汇混为一谈，在翻译中频频出现误译。商务英语词汇中包含大量专业术语，很多术语用普通的英语辞典是查不到的，因此教师应当要求学生使用商务英语辞典，准确了解词汇的商务含义和商务语境。②使用多种方法记忆词汇。虽然已是商务英语专业的本科生，可是大部分学生还是沿用从小学到高中惯用的词汇学习策略：大声朗读，在纸上反复书写。这样的方式貌似科学刻苦，实则收效甚微。商务英语的构词方式复杂多样，学生们还可以借助近、反义词，构词法和联想法来记忆单词，而不能只是简单机械地死记硬背。③注重商务英语词块学习。商务英语中的专业术语大多以词块的形式出现，熟练掌握并且准确使用这些在商务英语中常出现的大量固定或半固定的语言结构能够使学生避免在商务英语写作中出现表述不专业、搭配不地道等多种问题，能有效提高商务英语写作的准确性和流畅性。④增加阅读量。阅读是积累词汇的重要手段。随着经济的发展和科技的日新月异，商务英语新词不断涌现，因此大量阅读商务英语方面的报纸、杂志，增加商务英语的浸泡时间，是拓展词汇量，获取商务知识的有效途径。⑤模拟商务情景。商务英语是一门实用性很强的英语。商务英语的词汇只有在商务语言环境中才能得到有效操练。全英的商务场景能让学习者进入实战状态，感受真实的商务场景和氛围。在模拟的商务场景中，如商务谈判、商务会话、商务用餐等情景，学生的信息输入和输出依赖于平时所积累的大量商务词汇，这能有效地提升学生的语言交际能力和商务沟通能力。⑥商务信息输入的多样化。课本只是词汇习得的媒介之一。学生可以利用一些商业新闻视听材料，如BBC、CNN、VOA等积累词汇。这些真实鲜活的视听材料不仅可以增加词汇学习的趣味性，还可以使学生了解和接触到最新的商务词汇。

3. 社会情感策略

社会情感策略包括合作、降低焦虑程度、自我鼓励等策略，比如和同伴一起学习单词，向老师请教问题等。①创建学习小组。在商务英语教学中，为避免词汇学习枯燥乏味，教师可以设计词汇学习的小游戏或是组织词汇比赛，以小组为单位进行。学生亦可以采用分组讨论、互相提问的方式一起学习词汇。这种互相合作的学习方式能够缓解学生在课堂上的紧张情绪，创造轻松愉快的学习氛围。②教师在教学中可以采用多媒体教学，通过视、听、说等多种手段教授词汇。在教学中给学生提供更多"输出"词汇的环境，向学生提供表达"输出"能力的机会，引导学生进行语言实践。这些活泼开放的学习模式能够充分调动学生学习词汇的积极性，有效避免了词汇教学中教师一个人唱独角戏的枯燥乏味。此外，这种互相协作完成任务的方式也有助于培养和增强学生的沟通和交际能力，这也是合格商务人才必备的专业素养。

商务英语词汇教学在商务英语教学中占有重要地位，应该给予充分的重视。然而在实际教学中，很多教师更加注重商务知识的输入，忽视了词汇的教授。长此以往，学生的词汇学习将不断退步，这将直接影响到学生的商务阅读能力和交际能力。授人以鱼不如授人以渔，教师应将词汇学习策略融入商务英语教学中，夯实学生的商务英语基础。

五、商务英语教学中案例教学法的应用

案例教学法是经济管理学科的教学方法，它主要起到激发学生的学习兴趣的作用。案例教学法在经济管理领域的应用效果十分显著，所以得以逐渐发展到其他领域。案例教学法在商务英语这一学科的应用，对英语教学方法的改革起到了推动的作用，也有效地调动了学生的积极性，促进了学生学习成绩的提高。

（一）案例教学法的含义

案例教学法是一种以案例为基础的教学法。案例从字面意义上来理解就是"案例实例"。它是指在具体情境下发生的典型事件。案例中的典型事件的本质是提出一种教育的两难情境，没有特定的解决之道，需要教师在教学中扮演设计者和激励者的角色，鼓励学生积极地参与和讨论，不是像传统教学那样单纯地扮演知识传授者的角色。

案例教学是一种开放的、互动的新型教育方法，通常案例教学要先经过周密的策划和准备，需要学生对案例进行分析判断，并组织学生展开讨论，形成反复的互动交流。案例教育法重视学生的实践能力与思维能力，在一定的理论基础上达到思维启迪的作用，是一种综合了启发性和实践性的新型教育法。

（二）案例教学法在商务英语教学中的应用

商务英语我们理解为在商务场景下所应用的英语，具有很强的实践性。案例教学法也强调学生的主观能动性，强调变知识为力量。其中案例教学法主要包括四个环节：案例准备、策划分析、案例总结和案例报告的撰写。商务英语课堂只有活用案例教育法的各个环节才能更好地调动学生的积极性。主要体现在以下几个方面。

1.精心选择商务英语课堂中的案例

案例的选择可以调动商务英语的课堂气氛，并且商务英语课堂中的案例选择必须具有真实性、典型性。选择有代表意义的案例也是教学任务取得成功的关键。案例必须要把真实性和课堂教学内容相结合，要根据案例教学法及商务英语的特点合理规划教学环节，当我们将商务英语教学与案例教学法相结合时，就会针对两者的特点对课堂构成一种合理的规划，将一个完整的教学课堂划分为几个部分，使商务英语的课堂更加脉络化，也更利于学生接受。而且在案例选择上，要选择真实的案例，因为这样的案例不仅具有普遍意义而且对缺乏相应的商务背景知识的学生来说有很强的实践性。而虚构的案例不仅缺乏现实意义，而且难以激发学生的学习欲望与实践能力。

2.商务英语课堂中策划分析的运用

在商务英语课堂上运用案例教学法中的策划分析的目的就是通过分组讨论的形式激发学生的积极性，进而完成课堂任务。在小组讨论的形式下，每个学生都可以表达自己的看法，也可以让每个学生都参与其中，充分调动了学生的积极性。例如，小组达成共识后，参与到全班的共同讨论中，这时教师不仅要解答学生遇到的一些问题,而且要及时纠正讨论中一些知识的错误运用。并且学生可以用英语进行讨论,这样不仅可以提高学生商务英语的口语能力也可以巩固学生的英语基础知识。

3. 对商务英语教学的课堂内容进行总结

在学生共同讨论商务英语课堂案例时,学生会暴露出自己知识上的不足,所以在课堂结束后,教师可以让学生对这次的商务英语课堂教学以英文的书面形式进行总结,在学生上交自己的结论后,教师要指出学生学习过程中的不足并得出最终结论。也可以对此次的课堂教育加以拓展,扩大学生的视野,增强学生的实践能力。对商务英语教学课堂进行总结的更重要的原因就是可以通过对案例教学法的应用,提升教学水准。

4. 通过案例教学法提升商务英语课堂的教学内容

教师应根据学生在商务英语课堂中的表现,总结在教学方面的不足和学生在知识方面的缺失。教师要通过案例教学法调动学生的积极性,给学生创造良好的学习环境。如果说案例教学法的思维是发散的,那么教师把案例教学归纳总结成课堂教学的重要组成部分就是一个消化、提升的过程,可以说是整个商务英语教学的点睛之笔。

5. 注重案例教学法与其他教学法的相互联系

案例教学法较之一般的教学方法,在一定程度上弥补了情境缺失的问题,这也是案例教学法在商务英语教学中取得较为理想效果的原因。商务英语具有语言与专业知识紧密结合的特点,以培养学生的语言能力和专业技能为教学重点,但是也不可忽略传统教学方法的积极作用,只有理论基础打好才能进行有效的实践,只有把传统教学法中的优点与案例教学法相结合,才能将商务英语教学的效果推向最大化。

案例教学法在商务英语教学中的应用,可以说是一种教育理念的转变。它不同于传统教育法的以老师为主以学生为辅的教育模式,而是更加注重理念与实际的结合,偏重培养学生的语言运用能力和自主学习能力。但是案例教学法也不能完全取代传统教学法,应该在分析各种教学方法的基础上,扬长避短,更好地运用商务英语教学,从而培养出高素质的商务英语人才,满足社会的需求。

六、形成性评价在商务英语教学中的应用

教学评价作为课程教学的主要内容,不但是教师取得反馈信息,确保教学

水平的基础，还是学生改进学习方法，改正学习习惯与提升学习效率的有力举措。而教学评价大致又分为形成性评价与终结性评价两方面：形成性的评价以学习为最终目标，重视学习过程；终结性评价的典型内容是使考试规范化。因为教学结果同教学过程关系密切，所以，应当把形成性评价作为所有评价工作中的关键来看待。但现如今我国商务英语教学普遍以终结性评价为主要内容，虽然该评价方式存在不可忽视的优点，但是对激发学生学习热情而言没有过多好处。而对形成性评价做适当运用可有效弥补上述不足，辅助教师及时高效地对反馈信息加以接收，能有效改善教学手段，提升学生学习效率。

（一）商务英语教学中应用形成性评价的重要性

1. 有利于提高商务英语教学水平和质量

将形成性评价模式带入商务英语教学中，能够有效地提高商务英语教学的水平和质量。传统应试教育理念中，教师侧重于英语知识的讲授，对学生能力、态度、价值观等的培养却有所忽视，以"灌溉式""填鸭式"的教学模式为主，学生难以充分发挥自身的主观能动性，久之容易促使学生产生厌学情绪。教师在教学过程中重视对形成性评价模式的引用，积极有效地改进自身教学过程中存在的不足，及时调整课堂教学计划，能够有效地提升商务英语课堂教学的艺术性，减轻学生的学习压力，实现师生的双向发展与全面互动。同时，将形成性评价模式带入商务英语教学中，还可以有效提升学生的商务英语学习水平和效率，实现教学效果的最大化。

我国很多教育学家都认为新的英语课堂评价在关注学生对技能、知识的掌握程度的同时，更要关注学生掌握技能和知识的过程，以及相应的情感认知与价值观等。积极调动评价激励的作用，使学生学习自信感增强，变得更加积极主动。综合评价阶段，学生也可以有效参与进来，同时对学生的个性化表现要有所重视。要努力由终结性评价过渡到形成性评价。从此不难发现，商务英语教学中应用形成性评价模式是英语课堂评价变革的必然趋势。

2. 有利于加快素质教育体制改革的进程

在商务英语教学过程中注重对形成性评价模式的应用，有利于加快素质教育体制的改革进程。现阶段，在素质教育体制全面改革的时代背景之下，我国商务英语教学体系以培养社会应用型人才为主要目标，而该目标的全面贯彻落实际了是对学生进行素质培养的重要手段，也是践行我国素质教育的重要方略。以素质教育为基础去培养学生的自主学习能力，提高英语学习积极性，鼓励学生勇敢、主动地去接触英语，战胜心中对英语学习的恐惧，由此实现英语水平的提高。而想要实现上述目标，合理引入形成性评价模式无疑是时代发展的必然。同时，教育体制还是教育实践的理论框架，教育实践是教育体制的形式载体，在商务英语教学中恰当应用形成性评价模式，可以进一步扩展教育体制改革的范畴，深化教育程度，推动教育改革的长远发展。

（二）形成性评价在商务英语教学当中的应用途径

学习商务英语，站在内容层面，不仅需要学生掌握英语基础技能，还需要掌握商贸等知识。站在学生能力培养层面，不仅要强化书面表述能力，还要有流畅的口语表述能力，也就是学生在实践方面也不能弱化。按照该原则，我们借助形成性评价有关内容，将该模式引入商务英语教学当中，以提升教学效率，同时摸索出了一套更加先进科学的教学方法。

1. 注重评价形式的多样化，提高学生的学习自主性

当前我国商务英语教学中还在大面积采用期中期末考试方式，但是这种方式并未让学生学有成效，反倒让有些学生厌恶日常学习，然后通过各种办法应付考试。还有些教师为了缓解这种情况，提出课堂提问或点名等形成性评价模式，但是因为其随机不可控，而且缺少持续性，所以这种做法是治标不治本的。因此，只有将期末考试作为基础采取多样化的评价形式，将课堂出勤和表现等都作为考察各点综合掌握，才可以激发出形成性评价的整体价值。

2. 提倡非测试评价方式，提高学生的参与热情

为了更好利用形成性评价，本文提倡不应采取测试评价办法，而可以考虑如小组讨论、课堂记录、情境创设或布置作业等方法。提问是拥有丰富阅历教师的惯常使用方法，能使学生全神贯注；而小组讨论也是一种相对灵活的评价举措，把学生按照小组划分，教师所提问题先让小组讨论，学生借助英语语言阐明自身观点，接下来再对不同观点进行归纳汇总，教师做出最终的评价；课堂笔记需要学生阅读以往的商务案例，用英语标出重难点；情境创设需要教师先将场景设计出来，安排学生饰演不同角色，学生置身于此情景中做虚拟交流，该教学模式是具有深远的实际意义的，对学生未来走入社会也很有好处。而以往很多案例也证实，采取灵活生动的教学模式，对学生是具有寓教于乐效果的。而案例模式的成绩评估，可以结合自我评价、生生互评、教师总评等办法，这样实效性会更高一些，学生的认可与配合程度也会更高。

3. 让自我评价与问卷调查成为辅助的评价方法

纵观美国与日本课堂教学评价的整体，我们发现这两个国家对学生的自评都是非常重视的。为了使学生成为国家与社会所需之才，就要努力提高大学生的自学能力，学生自评是提升学生自学能力的有力手段。如今网络时代下，各校通过建立网络教育平台，就给学生创造了更多便利，学生可以输入学号查找自身所需资料，学习后平台也会储存学生学习状态。待学期末的时候，学生与教师可以通过查找平台确立出评价依据，展开相应的自评与总评。在具体评价过程中教育学家与众多学者还注意到，因为商务英语中存在很难定性与量化的人为元素，教师可以考虑采取访谈、问卷调查等方法对学生能力提高情况进行评价，这是一种相对理智的做法。经开展访谈与问卷调查等活动，教师能对学生的学习过程有更深入的了解，然后由此提出针对性的解决办法，这对为学生营造健康的学习氛围是很好的。所以，实际评价时，教师要绝对尊重学生的个体差异，让学生得以综合发展。教师应对所有评价对象都一视同仁，创造平等评价环境，要让学生身心愉悦地学习，使学生对自身有更清楚的了解，以进一步在学习商务英语过程中做好自我评价。

综上所述，评价是英语教学的核心内容，对提升商务英语教学水平十分重要。但是现如今，我国商务英语的评价形式还是以终结式评价为主，也就是认为测评和考试是一码事。该模式只以成绩论长短，形成了只重结果、不重过程、本末倒置的现象，让学生很难意识到自己学习时的缺陷，让学生因看不到学习成效而放弃自己，认为自己是一事无成的失败者。所以，对于商务英语教师来说，应当积极变革当前的教学思想与方式，构建起一套行而有效的评价系统，要根据学生的具体情况，及时找到学生存在的问题，从而找准病根、对症下药，从多角度激发学生的学习热情，也要坚信自己可以收获成功，帮助学生制订科学的教学规划与目标，使其可以不断增加商务英语知识，并打造出符合我国国情的商务英语教学形成性评价模式。

第六章 应用型本科院校商务英语专业教师发展路径研究

第一节 商务英语专业教师的困惑与挑战

《普通高等学校本科专业类教学质量国家标准》（以下简称《国标》）和《商务英语专业本科教学指南》（以下简称《指南》）中对师资结构有以下要求：商务类教师除英语能力合格外，其本科、硕士或博士学历中至少有一个应为经济、管理或法律类专业。目前国内各高校的商务英语教师队伍来源主要有三类：语言类、商科类（经济和管理）和实践类。2016年《全国高校商务英语师资队伍现状调查报告》结果显示：商务英语教师的最高学位以硕士为主，占70%左右；本科专业方向主要是语言学（30%）、文学（23%）、商务英语（17%），翻译（5%）和商科（7%）较少；硕士专业方向以语言学（30%）、翻译（18%）、文学（17%）居多；此外，部分教师的学科背景比较混乱。

英语语言背景的老师居多，有商科背景的偏少。所以，目前大部分外语学院的做法是商务语言技能课、跨文化交际课由外语专业老师教授，商务知识课程请商学院或经管学院的老师（优选有海外留学背景的）授课，商务实践类课程是薄弱环节，因为专业教师队伍的融合度不够，隶属不同学院，完成教学任务就实属不易，很难在商务实践环节有所作为。这就是"两张皮"授课模式，即英语教师只教英语而请商科或管理学科的教师来教商务类课程。因为专业背景有限和使用"两张皮"的授课模式，商务英语专业教师为了职称评定，多延续原有的研究领域，缺少对商务英语学科的相关研究。但如果商英专业设立在商学院，或者教师转型到商科，职称评定就成了问题。商务英语专业老师是按照外国语言文学系列评定，还是按照经济学或管理学来评定？但是，不同学科职称评定的难易有别，学校在职称评定时分给二级院系的名额也有限。其结果就是，商务英语专业教师普遍对职业发展感到迷茫，缺少归属感。

但机遇和挑战并存，由于商务英语专业开办尚短，强手不多，普通高校的商务英语专业教师可以很快占据学科高地。另外，教师提升和教学条件改善迎来了新机会，例如，许多高校派教师外出进修商务英语类课程；外教社举办了首届"商务英语教学大赛"；不少高校招收了商务英语专业的留学生，还专门留出名额让商务英语教师出国访学；各大外语类核心刊物纷纷开设"商务英语研究"专栏；很多高校拨出专款建设商务英语实训室；不少高校开始招聘商务英语硕士层次教师，并很快得到重用；等等。这些机遇都是商务英语专业发展的产物，也让商务英语专业教师应对挑战增强了信心。

第二节 商务英语专业教师知识与能力的构成

《国标》和《指南》中对教师素质的要求是，商务英语教师应师德高尚，具备合格的英语基本功、专业知识、教学能力、科研能力、实践能力，运用现代教育信息技术，开展课堂教学与教学改革。王关富采用基于问卷调查的定量研究方法获取商务英语教师的能力要素信息，涵盖四个方面：学历构成（英语语言学科和商科双学位的学历背景）、教学能力构成（教学方法、教材选用）、知识构成（语言知识和商务知识）、科研能力构成。郭桂杭对其进行修改和补充，得出了商务英语教师的能力要素构成：学历构成、教学能力、知识构成（语言知识、商科知识、教育学知识、心理学知识等）、科研能力、合作能力（商务英语教师与语言类教师以及商科教师的合作）、实践能力。严玲将ESP（专门用途英语）教师的知识结构分成英语语言文化知识、专业学科知识、教育学知识三部分。郭桂杭基于《国标》，对严玲提出的ESP教师知识结构进行整合，指出商务英语教师专业素质结构体系由专业观念（教育学知识）、专业知识、商科知识、专业能力四个模块构成。王立非综合《国标》要求和调研结果，构建了商务英语教师专业能力体系，由语言能力、教学能力、专业知识和实践能力构成。鲍文针对商务英语教师专业化现状，明确了商务英语学科教师专业素质结构由三部分构成，即专业知识结构、专业能力结构和专业素养结构，对每一部分又做了细分。

基于上述研究，不难发现就商务英语教师的知识与能力构成而言，有多种表述，如"教师专业素质结构""素质能力""专业能力"等，知识和能力未做出明确区分，混淆度大。针对教师的知识与能力构成，可以根据ESP需求分析（学生和社会）设计，或对照《国标》中规定的商务英语专业人才培养目标及教师素质要求，并对应商务英语专业人才应具备的五种知识和五种能力，从知识、能力和素质三个方面构建商务英语教师的素质结构（如图6-2-1所示）。素质方面关注师德、人文与科学素养、国际视野、社会责任感、敬业与合作精神、创新精神、健康的身心等。知识方面，除核心知识（语言学、文学、文化、跨文化知识）和跨学科知识（经管类知识）外，添加教育学、心理学等相关知识。能力方面，除语言、教学和实践能力外，添加科研能力。实践能力指跨文化商务沟通能力，集中体现在实践教学和商务实践中，而科研能力就是思辨能力的体现。

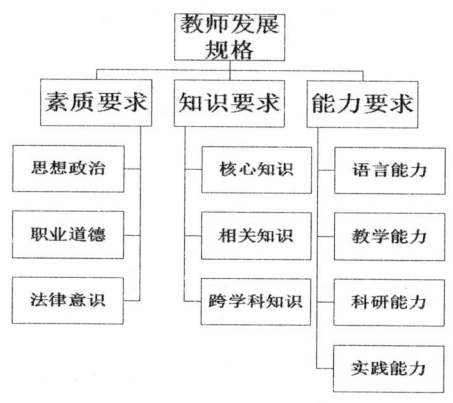

图 6-2-1　教师发展规格

第三节　商务英语专业教师发展对策及路径

商务英语专业从根本上说是围绕英语学科拓展空间，实现复合。英语始终是主线，任何偏离英语主线的培养模式都不符合商务英语专业的发展要求，都不符合商务英语专业的培养目标。商务英语专业教师以英语教师转型为主，就是要求现有的英语教师通过自修、外出进修、攻读相关学位等方式掌握一定的商务学科知识，探索商务英语专业课程的授课模式，突破"两张皮"的禁忌，完成培养和训练学生商务英语沟通能力的目标任务。商科或管理学科教师若不能用英语讲授商务英语基本知识和技能，就不能完成商务英语跨文化交际能力的训练，就不能实现商务英语课程中"英语与商务知识"的"融"，即英语与商务"融"为一体的教学模式。没有把英语基本知识和技能与商务知识融为一体的商务英语沟通能力，学生的商务知识再多，也不是合格的商务英语专业人才。所以，商务英语专业的师资只有主要依靠英语教师转型，依靠青年教师深入自修,才能构建英语与商务复合的教学能力。职称评定时,无论是外国语言文学还是经济学或管理学,哪个学科的成绩突出,商务英语专业教师就可以按照哪个系列申报职称评定。高校的职称评审要敢于打破藩篱,甚至对复合型教师的职称评定予以政策倾斜,从而让复合型教师免受困扰。这样才能更有利于发展交叉学科,培养复合型、应用型人才。

基于莫再树关于教师专业发展的经验总结,构建商务英语专业教师发展路径图(如图6-3-1所示)。如果说个体发展和群体合作是教师发展的两个主路径,那么教学活动、教材编写、攻读学位(进修)、科研活动就是四条支路,贯通于两条主路之间。教学活动属于教学发展,另外三条支路属于专业性发展。其中,教学活动、教材编写和科研活动既体现个体发展也体现群体合作。专业性发展和教学发展的关系就是研究与教学的关系:以教为本,以研促教,教研相长。

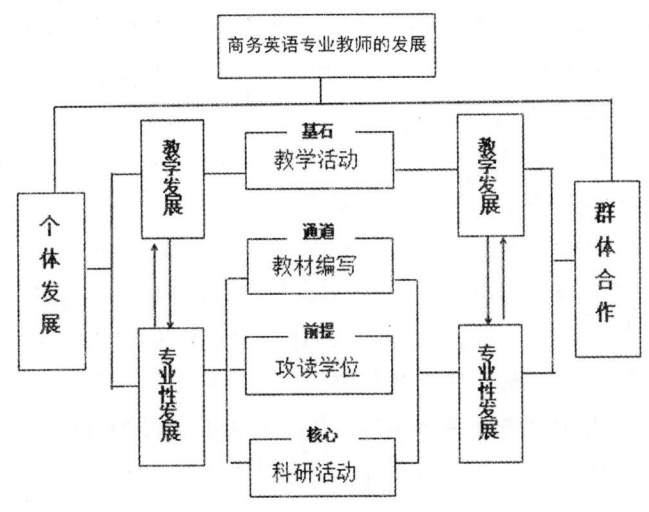

图 6-3-1 商务英语专业教师发展路径图

构建教师发展共同体,个体发展与群体合作相结合,促进商英教师的专业发展。不同于教师培训和教师教育,教师发展强调教师的自我主动性。所以教师发展的两个主要渠道是,个体发展和群体合作。但这两个主渠道都离不开外在的教师培养促进机制(教师发展共同体)。

教师发展可以分为教学发展和专业性发展。教学发展是教师发展的基础,专业性发展是教师发展的关键。具体做法有以下四个方面。①教学活动:教师教学发展的基石与抓手。②教材编写:迈向专业性发展的契机(通道)。③攻读学位:教师专业性发展的前提与保证。④科研活动:教师专业性发展的核心推动力。

商务英语专业建设目前面临着三个紧迫任务：第一，围绕《国标》和《指南》制定"校标"，重构培养方案；第二，加强师资队伍建设；第三，"金课"引领，"金师"带动，提高商务英语专业的教学质量。王立非在2015年全国高等学校商务英语专业院系负责人会议上提出，当前商务英语专业建设的首要任务是贯彻商务英语国家标准，提高专业课程的教学质量。提高商务英语教学质量，首先要实现三个转变：①从纯语言教学转变为商务话语教学；②从实现语言技能目标转变成实现商务跨文化交际与沟通能力目标；③从以语言基本功为核心的课程转变成全面的语言、文化、商务的核心课程。这三个转变是提高商务英语专业教学质量的前提。钟美荪教授在2017年高等学校外国语言类专业教学指导委员会全体会议上提出，《高等学校外语类专业本科教学质量国家标准》出台后，各校要根据自身和地域经济特点尽快制定出"校标"和培养方案，而不是全盘照搬"国标"。提高外语人才培养质量，第一是师资，没有合格的师资，就谈不上人才培养质量，国标对师资队伍的要求是基本要求；第二是教师素质。不论是实现提高教学质量的三个转变，还是设计具有本校特色的商务英语专业人才培养方案，归根结底是人的问题，是商务英语教师责无旁贷的使命和任务，研究商务英语专业教师的发展路径意义重大。正所谓，培养一流人才需要一流专业，一流专业建设需要一流课程体系，一流课程体系建设需要一流课程，一流课程建设需要一流课程设计，一流课程设计实施需要一流师资。

"新时代""新文科"建设背景下，应用型本科院校也应加强一流本科教育，根据办学传统、区位优势、资源条件等，紧跟时代发展，服务地方需求，在应用型人才培养上办出特色、争创一流；以一流专业建设为目标，以课程建设为抓手，搞好教学团队建设，以期取得良好的教学成果和人才培养质量。

参考文献

[1] 鲍文. 商务英语教育论 [M]. 上海：上海交通大学出版社，2017.

[2] 邓静子，朱文忠，翁凤祥. 商务英语课程体系研究 [M]. 上海：上海交通大学出版社，2016.

[3] 严玲. 专门用途英语课程建构 [M]. 北京：中国传媒大学出版社，2011.

[4] 张武保. 商务英语专业与学科研究 [M]. 北京：外语教学与研究出版社，2014.

[5] 张韵斐，周锡卿. 现代英语词汇学概论 [M]. 北京：北京师范大学出版社，2004.

[6] 马秉义. 英语词汇系统简论 [M]. 北京：气象出版社，2000.

[7] 汪榕培，卢晓娟. 英语词汇学教程 [M]. 上海：上海外语教育出版社，2000.

[8] 沈文辉. 高校商务英语专业实践教学体系构建的逻辑基础 [J]. 湖南工程学院学报（社会科学版），2016，26（02）.

[9] 孙有中. 突出思辨能力培养，将英语专业教学改革引向深入 [J]. 中国外语，2011，8（03）.

[10] 鲍文. 商务英语学科教师专业发展研究 [J]. 外语学刊，2011（02）.

[11] 蔡基刚，陈宁阳. 高等教育国际化背景下的专门用途英语需求分析 [J]. 外语电化教学，2013（05）.

[12] 郭桂杭，丛瑾. 以三个"深度融合"促进复合型国际化商务英语人才的培养 [J]. 商务外语研究，2018（01）.

[13] 郭桂杭，李丹. 商务英语教师专业素质与教师发展——基于EPS需求理论分析 [J]. 解放军外国语学院学报，2015，38（05）.

[14] 郭乃照，李沛，范清竹. 地方院校商务英语专业教师发展现状与范式

研究 [J]. 教育理论与实践，2011，31（10）.

[15] 贺鸿莉，牛贵霞. 地方本科院校商务英语专业实践教学体系构建研究 [J]. 河北工程大学学报（社会科学版），2016，33（01）.

[16] 李莉文. 试析英语专业技能课程与批判性思维能力培养的关系 [J]. 中国外语，2010，7（06）.

[17] 刘法公. 论商务英语专业培养目标核心任务的实现 [J]. 中国外语，2015，12（01）.

[18] 刘法公. 中国从无到有的商务英语学科 [J]. 外语界，2009（06）.

[19] 王关富，张海森. 商务英语学科建设中的教师能力要素研究 [J]. 外语界，2011（06）.

[20] 王立非，李琳. 商务外语的学科内涵与发展路径分析 [J]. 外语界，2011（06）.

[21] 王艳艳，王光林，郑丽娜. 商务英语专业人才需求和培养模式调查与启示 [J]. 外语界，2014（02）.

[22] 文秋芳. 英语类专业实践多元人才观面临的挑战与对策 [J]. 外语教学与研究，2014，46（01）.

[23] 严明，陈庆斌. 商务英语专业建设与专业方向培养目标：严明教授访谈录 [J]. 外语学刊，2020（03）.

[24] 杨贤玉，柯宁立. 地方高校特色英语专业课程体系的构建 [J]. 外语界，2011（01）.

[25] 余建耀，刘法公. 国内商务英语专业课程设置论综述 [J]. 外语与外语教学，2013（03）.

[26] 张保培. 地方本科院校转型背景下英语类专业多元人才培养模式探索 [J]. 黄河科技大学学报，2015，17（04）.

[27] 张保培. 三本院校英语专业词汇教学的调查研究与探索 [J]. 濮阳职业技术学院学报，2011，24（05）.

[28] 张绍杰. 面向多元社会需求和多元目标取向培养"厚基础、强能力、高素质"的外语人才：对英语专业教育教学改革的新思考 [J]. 中国外语，2010，7（03）.

[29] 张绍杰. 全球化背景下的外语教学：行动与反思 [J]. 外语与外语教学，2010（01）.

[30] 仲伟合，张武保，何家宁. 高等学校商务英语本科专业的定位 [J]. 中国外语，2015，12（01）.

[31] 仲伟合. 英语类专业创新发展探索 [J]. 外语教学与研究，2014，46（01）.

[32] 郝红梅. 我国高等学校英语专业课程设置调查与研究 [D]. 重庆：重庆大学，2009.

[33] 乔相如. 英语词汇学教学现状调查与研究 [D]. 武汉：华中师范大学，2009.